단숨에 사람을 끌어들이는
66가지 대화기술

단숨에 사람을 끌어들이는
66가지 대화기술

류정담 지음

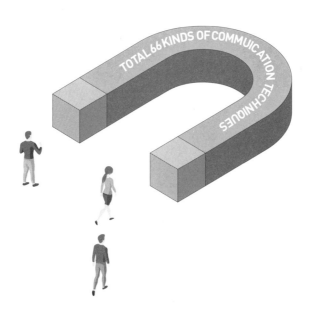

TOTAL 66 KINDS OF COMMUICATION TECHNIQUES

창작시대사

당신이 꿈꾸는 **성공과 행복**은
타인들과의 **관계 속에서 결정된다**

**이미 확실하게 검증된 테크닉을 배움으로써, 그리고 그것을 실천함으로써
성공과 행복을 향한 당신 내부의 에너지를 배가시킬 수 있다.**

사람은 누구나 타인에 대한 기대심리를 갖고 있다. 상대방이 호감을 갖고 자신을 대해주기를 바라고, 변함없는 우정과 의리로써 관계를 지속하길 원한다.

부부는 애정과 호의를, 부모자식 간에는 순종과 사랑을, 세일즈맨은 고객의 신뢰를 먹고 살아간다. 당신이 경영자라면 직원들이 성실하게 협력하여 생산성을 한층 높여주기를 원할 것이고, 종업원의 입장이라면 경영자가 자신의 실적에 대한 정당한 평가를 해주길 바랄 것이다.

우리들 모두는 성공과 행복을 꿈꾸고 소망한다. 그리고 그 성공과 행복은 타인들과의 관계 속에서 이루어진다.

우리 주변에는 항상 다양한 성향의 다른 사람들이 있게 마련이고, 자의든 타의든 일상에서 어울릴 수밖에 없는 그 사람들과의 관계에 따라 인생의 성공과 행복이 결정된다. 대인관계가 중요한 까닭이 바로 여기에 있다.

당신이 바라는 것을 추구하라

이 책은 당신이 바라는 것을 다른 사람들로부터 얻기 위해서는 어떻게 해야 하는가를 차근차근 설명해줄 것이다.

모든 사람들이 다 당신에게 호의적이지는 않을지도 모른다. 그렇다고 자기의 욕망을 억제하면서까지 모든 사람들과 사이좋게 지낼 필요는 없다.

단지 다른 사람의 말이나 행동에 대해서 어떻게 반응하느냐에 따라서 당신의 인생이 달라질 것이다.

성공하고 싶다면 타인의 성공을 긍정적인 시선으로 바라보는 자세가 필요하다.

행복도 마찬가지이다.

이 책에서 설명한 여러 방법들 중에는 기존의 통설을 뒤엎는 것들이 다수 있을지도 모른다. 그러나 분명한 것은 효과가 있다는 사실이다.

결코 자신의 욕망을 포기하지 말라

사람들은 간혹 스스로 욕망을 추구하는 것이 이기적으로 비쳐지지는 않을까 하는 두려움 때문에 남들 앞에서 당당해지길 망설이곤 한다.

그러나 결코 두려워하지 말라!

좋은 인간관계란, 자기가 바라는 것을 상대방으로부터 얻고, 상대방이 바라는 것을 주는 것을 의미한다. 이 이상으로 대인관계를 정의할 수 있는 말은 없다. 상대방에게는 아무것도 주지 않고 자기가 원하는 것만을 얻으려 한다면, 그 관계는 금세 깨지고 말 것이기 때문이다.

대인관계의 세 가지 기본 원칙

이 세상에 다른 사람을 의지하지 않고 살아가는 인간은 하나도 없다. 모든 대인관계는 각자의 필요에 의해서 성립되는 것이다.

일반적인 대인관계의 속성은 다음의 세 가지 부류로 나눌 수 있을 것이다.

첫째, 상대방에게 폭력을 쓰거나 사기 등의 온당치 못한 방법으로 자기가 원하는 것을 획득한다.

이는 주로 범죄자들이 즐겨 쓰는 수법이지만, 세상에는 이 수법을 교묘하게 이용하는 사람이 의외로 많다.

둘째, 필요한 것을 상대방으로부터 구걸한다.

이처럼 비굴한 성격을 가진 사람들이 갖게 되는 대인관계는 항상 '당신보다 잘난 체하거나 방해하지 않을 테니 나를 잘 봐주십시오' 하는 식이다.

셋째, 대등한 입장에서 서로 필요한 것을 교환한다.

이런 사람들은 상대방이 필요로 하는 것을 줌으로써, 반드시 자기가 필요로 하는 것을 얻어낸다.

이상의 세 가지 방법 중 앞의 두 가지는 이 책과 관계가 없다. 이 책에서는 상대방이 원하는 것을 준다는 조건으로 자기가 원하는 것을 얻기 위한 방법만을 취급할 것이다.

당신에게는 지금 다른 사람들이 필요로 하는 많은 것들이 있다. 그 것을 아끼지 말고 사람들에게 주도록 하라. 그러면 상대방도 기꺼이 당신에게 성공과 행복을 줄 것이다.

사람들에게 주고 당신도 얻도록 하라

상대방을 짓밟음으로써 자기의 욕망을 채우려는 것은 가장 나쁜 방법이다.

다른 사람에게 행복을 주는 삶이야말로 진정으로 행복한 삶이라고 할 수 있다.

다른 사람들에게 은혜를 베풀어주는 사람은 실패자가 아니라 성공한 인간이다.

욕구불만으로 실의에 빠진 사람보다 자신의 욕구를 충족시킨 사람이 다른 사람의 욕구에 더욱 관대하고 동정심이 많다.

좋은 인간관계의 열쇠

대인관계를 성공시키는 가장 중요한 열쇠는 모범적인 인간이 아닌 있는 그대로의 인간, 즉 상대방의 참모습을 아는 데 있다. 상대방의 본질을 이해해야만 비로소 좋은 인간관계를 가질 수 있기 때문이다.

그러므로 먼저 인간성을 고찰하라. 다른 사람들이 정말로 바라는 것이 무엇인가를 알고, 그 욕구를 충족시켜 줄 방법을 찾아내도록 하라. 문제는 인간성에 있는 것이 아니라, 그들이 원하는 것을 무시하는 데 있다.

어떻게 하면 대인관계에서 자신과 힘을 얻을 수 있을까?

이 책의 진정한 목적은 대인관계에서 어떻게 하면 자신과 힘을 얻올 수 있느냐 하는 데 있다.

대인관계에 자신이 없는 이유 중 하나는, 자기가 상대하는 사람이 어떤 사람인지를 모르기 때문이다. 그러나 상대방을 알면 알수록 자신감은 넘치게 마련이다.

이 책은 인간성에 대한 이해를 돕고, 아울러 실제 응용 방법도 제시해 주고자 한다.

당신은 이미 확실하게 검증된 테크닉을 배움으로써, 그리고 그것을 실천함으로써 성공과 행복을 향한 당신 내부의 에너지를 배가시킬 수 있을 것이다.

그럼, 지금부터 당신의 성공과 행복을 위해 한 걸음씩 나아가보기로 하자.

CONTENTS

/ PART 3 /

사람을 설득하는 기술

/ PART 4 /

사람을 끌어들이는 비결

/ PART 5 /

논쟁에서 이기는 비법

/ PART 6 /

비판을 효과적으로 하는 방법

/ PART 7 /

사람들에게 호감을 사는 요령

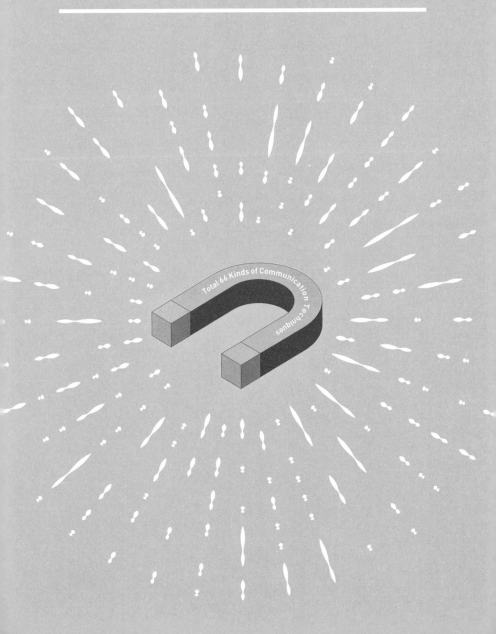

PART 1

좋은 첫인상을 주는 **기본원칙**

좋은 첫인상은 강력한 초두효과를 발휘한다

**나중에 당신에 대한 상대방의 태도를 변화시킨다는 것은
지극히 어려운 일이다. 그러므로 첫 대면에 주의하라.**

상대방의 행동이나 태도를 컨트롤하려면, 당신이 상대방에게 준 첫인상이 변함없이 지속된다는 사실을 명심해야 한다. 첫 대면에서 이미 당신에 대한 평가가 내려진다고 해도 과언이 아니다. 나중에 당신에 대한 상대방의 태도를 변화시킨다는 것은 지극히 어려운 일이다.

두 여성이 서로가 잘 아는 어느 상인에 대하여 이야기를 나누고 있었다.

"나는 그 사람이 아주 싫어요. 비열하고 까다롭고, 자기 부인에게 너무 심하게 하더군요."

그 여성의 말에 상대방은 어이가 없었다.

"정말 알 수 없는 얘기로군요. 제가 알기로는, 그는 몹시 마음씨 좋

고 온후한 성격의 사람입니다. 또 부부 금슬은 얼마나 좋다구요."

"그래요? 내가 그를 처음 만난 것은 그의 가게에서였는데, 몹시 화난 얼굴로 부인에게 호통을 치고 있었어요. 제가 보기에 민망할 정도로요."

"그래요? 그때는 몹시 화가 났었던 모양이로군요. 그는 여간해서 화를 내는 사람이 아니거든요. 누구나 때로는 화를 낼 때가 있지 않아요? 그가 그렇게 화를 내는 것은 지극히 드문 일이에요."

"그래도 그렇지요. 나는 자기 부인에게 그렇게 호통을 치는 남자는 정말 싫어요. 설사 그 사람이 아무리 멋진 사람이라고 해도 절대로 그런 사람을 좋아하게 되지는 않을 것 같아요."

다른 여성이 알기로 그 상인은, 그만큼 아내를 생각하는 남편이 또 있을까 생각될 정도로 더할 나위 없는 애처가였다. 그래서 그의 부인만큼 행복한 여자도 드물 것이라고 늘 생각해왔었다. 그러나 유감스럽게도 다른 여인에게는 영원히 변치 않을 좋지 않은 첫인상을 심어놓았던 것이다.

C 상대방을 사로잡는 커뮤니케이션 테크닉

: 상냥하게 말하라

말 한마디에 적이 될 수도 아군이 될 수도 있다. 상냥한 말투는 상대방을 내 편으로 만드는 강력한 무기다. 상냥함을 아끼지 말고 많이 사용하라. 친절한 모습을 보일수록 당신 주위에 좋은 사람들이 모여들 것이다.

긍정적인 분위기에서 긍정적인 대답이 나온다

**다른 사람을 깎아내리면 상대적으로 자기에 대한 평가가
높아질 것 같지만 사실은 이와 정반대이다.**

사람은 자기에 의해서만 평가되는 것은 아니다. 그의 직업이나 업적, 경쟁하는 방법에 의해서도 평가된다.

'너희가 평가받고 싶지 않거든 남을 평가하지 말라.' 이 말은 성서에 나오는 구절인데, 대인관계의 방법과도 일맥상통하는 말이다. 당신이 어떤 사람을 평가하는 것은 곧 그에게 당신을 평가할 만한 실마리를 제공해주는 것이 되기 때문이다.

수많은 이혼 소송을 맡아온 어느 변호사가 언젠가 이런 말을 한 적이 있다.

"남편이나 아내의 비열하고도 불쾌한 행동을 아무에게나 마구 털어놓는 사람들 중에는, 상대방보다 자신에게 더 문제가 있는 경우가 많아요."

상대방의 험담을 늘어놓거나 부정적인 면을 얘기할 때는 나쁜 인상을 주게 된다는 사실을 명심하라.

자신의 평가에 인색하지 말라

당신은 당신의 직업이나 직장에 대하여 어떤 평가를 내리고 있는가?

누가 당신의 직장이 어디냐고 물으면, 부끄러운 듯이 '저, ××은행입니다만….'이라고 대답하는가, 아니면 '국내 최고의 은행에서 일하고 있습니다.'라고 자랑스럽게 대답하는가?

상대방은 후자처럼 당당하고 자신감 있게 대답하는 사람을 높게 평가해줄 것이다.

또한 누가 당신의 고향을 물었을 때, '아주 보잘것없는 작은 고장입니다.'라고 자신 없이 말하는 경우와 '제 고향은 이 세상에서 제일 아름다운 곳이지요.'라고 말하는 경우, 상대방은 과연 어느 쪽을 높이 평가하겠는가?

만약 당신 회사의 사장이 대단찮은 인물이라거나, 당신이 근무하는 회사가 별 볼일 없는 회사라는 인상을 심어준다면, 상대방은 당신에 대해서도 '이 친구 역시 그렇고 그런 놈이로군. 그렇지 않다면 그 시원찮은 사장 밑에서 지금까지 일을 해왔을 까닭이 없지.'라고 생각할 것이다.

그럼에도 불구하고 그런 사실을 모르는 사람이 많다. 앞에서도 언급한 것처럼, 다른 사람을 깎아내리면 상대적으로 자기에 대한 평가가 높아질 것 같지만 사실은 이와 정반대이다.

경쟁 회사의 세일즈맨이나 상품에 대해서도 나쁘게 말해서는 안 된다. 유능한 세일즈맨이라면 자기 상품의 장점만을 부각시키려고 할 것이다. 그는 상대방이 남을 깎아내리는 듯한 말투를 싫어할 뿐만 아니라, 그것이 자신에게 불리한 상황을 초래한다는 사실을 잘 알고 있다.

자기 스스로 그런 상황을 설정해놓고, 상대방이 '예스'라고 대답하기를 기대하는 것은 언어도단에 다름 아니다.

긍정의 마인드를 가져라

유명한 심리학자인 허리 오버스트리트는 자신의 저서《인간의 행위에 대한 영향》에서 다음과 같이 말하고 있다.

긍정적인 대답을 얻어내기 위해 심리학이 발견한 최상의 방법은, 상대방에게 '예스'라고 말할 수 있는 기분을 만들어주는 것이다. 그러기 위해서는 무엇보다 긍정적인 분위기를 만들어놓아야 한다. 그 비결 중 하나는, 상대방으로 하여금 몇 개의 예비 질문에 '예스'라고 대답하게 만드는 것이다.

"이 빛깔은 정말 아름답지요?"

"솜씨가 멋지다고 생각하지 않으세요?"

이렇듯 예비 질문에 상대방이 '예스'라고 대답하게 만들 수 있다면, 본론에 들어가서도 '예스'라는 대답을 이끌어내기가 한결 수월해질 것이다.

그러나 '예스'라는 대답이 부정을 뜻하는 경우도 있으므로, 이 방법을 실행에 옮기려다 실패한 어떤 남자의 전철을 밟지 않도록 주의해야 한다.

그 남자는 모든 것을 지나치게 부정적이고 비관적으로 생각하는 사람이었기 때문에, 상대방이 '예스'라고 대답할 만한 질문을 하면서도 부정적인 분위기를 만들어놓는 잘못을 범하고 말았다.

"오늘은 너무 무덥군요."

그가 말하자, 고객은 '예스'라고 대답했다.

"세상이 너무 혼란스럽지 않습니까?"

그러자 고객은 이번에도 '예스'라고 대답했다.

"세상이 이 모양이니 무엇을 믿고 살아가지요?"

"네, 정말 그렇습니다."

그는 틀림없이 '예스'라는 대답을 얻어내긴 했지만, 고객은 그의 부정적인 질문 때문에 그만 우울한 기분에 사로잡히고 말았다. 그러니 상품을 구매하고 싶은 생각이 나겠는가?

사람은 비관적이고 부정적인 분위기에서는 상품이나 아이디어를 사지 않는다. 그럴수록 더욱더 조심하고 주저하게 마련이다. 그러나 명랑하고 낙관적이고 긍정적인 분위기에서는 이와 정반대이다. 그런 분위기에서는 관대하고 친절해지며 모험을 하고 싶은 기분을 갖게 되기 때문이다.

상대방에게서 '예스'라는 긍정적인 대답을 얻어내는 두 번째 비결은 대답이 암시된 질문을 하는 것이다.

예를 들어 '이것이 마음에 드십니까?'라고 묻지 않고, '이쪽이 마음에 드실 줄로 생각합니다만….'이라거나 '이 빛깔이 마음에 드십니까?'라고 묻지 않고, '정말 빛깔이 아름답지 않습니까?'라고 말하는 것이다.

C 상대방을 사로잡는 커뮤니케이션 테크닉

: 진실한 태도의 힘

자신의 지지자로 만들려면 성의 있고 진실한 태도로 대하라. 감언이설은 상대방에게 잠시 호감을 줄 수 있지만 금방 들통이 나고 만다. 반면 진실한 마음은 영원히 빛이 바래지 않고 상대에게 깊은 인상을 남긴다. 진심으로 사람을 대할 줄 아는 리더가 많은 사람의 존경과 사랑을 받는다.

상대방이 **충분히 말하도록** 만든다

**대부분의 사람들은 상대방의 자기 자랑을 듣는 것보다
자신의 영웅담을 이야기하고 싶어 한다.**

상대를 설득시키려고 자기 혼자서 계속 지껄이는 사람이 있다. 세일즈맨 중에 특히 이러한 잘못을 저지르는 사람이 많다.

설득의 기술 가운데 가장 중요한 것은 상대방에게 충분히 말하도록 만드는 것이다. 무언가를 일방적으로 강요하고 있다는 인상을 주어선 곤란하다. 상대방은 자기 자신에 관한 한 가장 잘 알고 있는 사람이다. 진정한 설득이란 상대방이 스스로 만족하면서 백기를 드는 것이다. 그러니까 원하는 게 있으면 그 당사자가 말하도록 만드는 것이 좋다.

상대방이 말하는 중에 이의를 주장하고 싶어도 참지 않으면 안 된다. 넓은 마음으로 참을성 있게 성의를 가지고 들어준다. 거리낌이 없이 속마음을 털어놓다보면 자신을 설득하려는 사람의 의견을 들

어보고 싶은 순간이 온다. 이때가 바로 본격적인 설득의 타이밍이다. 이 방법을 장사에 이용하면 어떻게 될까?

설득의 타이밍을 놓치지 말라

수년 전에 미국 굴지의 자동차 회사가 차내 장식용 직물류 1년 치를 구입하려고 했다. 그러자 세 군데의 회사에서 견본을 제출했다. 자동차 회사의 중역들은 그 견본을 세밀히 검토한 후에 회사에 제각기 통지를 하고, 최종적인 설명을 들은 후에 계약을 할 터이니 지정된 날짜에 찾아와 달라고 했다.

그중 한 회사의 대표자 R씨는 몹시 심각한 후두염을 앓고 있었음에도 불구하고 지정된 날에 찾아갔다. 다음은 그 R씨가 실제로 겪은 이야기이다.

C 내가 설명할 차례가 돌아왔다. 우리 회사의 입장을 말해야 하는데도 목에서 소리가 나올 것 같지 않았다. 나는 어떤 방으로 안내되었는데 그 방 안에는 사장을 비롯해서 각 부문의 책임자가 쭉 둘러앉아 있었다.

나는 일어서서 말을 하려고 했으나 목에선 쉰 소리만 날 뿐이었다. 그래서 나는 종이쪽지에, '목을 앓고 있어서 소리가 나오지 않습니다.'라고 적어서 내놓았다. 그것을 본 사장이 "그럼 당신을 대신해서 내가 말해 주겠소.”라고 말하더니, 나의 견본을 펼쳐들고 그 장점을 설명하기 시작했다. 그러자 나의 물건에 대해서 각 책임자로부터 활발한 의견이 제기되었다.

사장은 나의 대역을 맡고 있는 형편이 되었기 때문에 부득이 나의 편을 들게 되었다. 나는 다만 미소를 짓거나, 머리를 끄덕이거나 하는 따위의 몸짓만 보이고 있어도 그것으로 족했다. 만약 내가 후두염을 앓고 있지 않았다면, 도저히 그 주문은 딸 수가 없었을 것이다. 나는 그때까지 장사하는 방식에 대해서 잘못된 생각을 가지고 있었다.

그전에는 자기편에서 말하기보다 상대편에게 말하게 하는 것이 더 이익이 된다는 것을 알지 못했던 것이다.

대화의 소재를 찾아라

또 한 가지 예가 있다. 〈뉴욕 헤럴드 트리뷴〉지의 경제란에서 ‘경험이 있는 우수한 인물’을 구하는 구인광고가 나와 있는 것을 보고 한 남자가 응모를 했다. 수일 후에 그의 앞으로 면접 통지서가 왔다. 면접에 앞서 그는 월가로 가서 그 회사의 설립자에 대한 자세한 조사를 해두었다.

“이렇게 훌륭한 회사에서 일하는 것이 저의 소망이었습니다. 들은 바에 의하면 28년 전에 거의 무일푼으로 이 회사를 시작하셨다고 하는데 그것이 사실입니까?”

면접 당일 그가 사장에게 물었다.

대부분의 성공한 사람들은 젊었을 때 그가 걸은 가시밭길을 회상하는 것을 좋아한다. 이 사장도 예외는 아니었다. 사장은 겨우 450달러의 자금과 독자적인 아이디어만으로 시작한 당시의 고충을 길게 이야기하기 시작했다. 그는 일요일, 공휴일도 쉬지 않고 일하면서 모든 장애를 극복했고 마침내 현재의 지위를 쌓아올렸으며, 지금은 월가의 일류 인사들이 오히려 자신의 의견을 구하러 오게 되었다고 자랑스럽게 설명했다.

그는 확실히 자기 자랑을 할 만한 가치가 있는 성공을 거둔 인물로서, 그 얘기를 들려주는 것이 무척이나 즐거운 것 같았다. 이야기가 끝나자, 그는 그 남자의 이력에 관해서 간단히 질문을 한 후에 부사장을 불러서 말했다.

"이 사람을 채용하는 것이 좋겠소."

상대방의 업적을 조사한 약간의 수고가 상대에게 이야기를 하게 만들고 좋은 인상을 준 것이다.

타인의 실패를 기뻐하지 마라

친구나 동료들 사이라 할지라도 대부분의 사람들은 상대방의 자기 자랑을 듣는 것보다 자신의 영웅담을 이야기하고 싶어 한다.

프랑스의 철학자 라 로슈르코는 이런 말을 했다.

"적을 만들고 싶으면 친구에게 이기는 것이 좋다. 그러나 자기 편을 만들고 싶으면 친구가 이기도록 해주는 것이 좋다."

사람은 누구나 남에게 인정받고 싶다는 욕구가 강하기 때문에 열등감을 갖게 만들지 않는 상대에게는 질투나 배척감을 느끼지 않기 때문이다.

독일의 속담에 이런 것이 있다.

"타인의 실패에 대한 기쁨 이상의 기쁨은 없다."

분명히 우리 친구 중에는 우리의 성공보다도 실패를 기뻐하는 사람이 있을 것이다. 그러니까 자기의 성공은 될 수 있으면 비밀스럽게 이야기하는 것이 좋다.

일반적으로 사람들은 그렇게 자랑할 만큼 대단한 존재는 아니니까 겸손한 태도를 취하는 것이 상책이다. 백 년도 채 못 되어 우리들은 모두 죽거나 세상에서 잊혀지고 만다.

인생은 짧다. 부질없는 자랑거리를 남에게 들려줄 여가는 없다. 남이 이야기하도록 만들면 된다.

C 상대방을 사로잡는 커뮤니케이션 테크닉

: 인사는 인간관계의 윤활유가 될 뿐만 아니라 상대방에게 강한 인상을 심어준다

인사는 사람들을 유쾌하게 한다. 상대방에게 좋은 느낌을 주는 인사를 하려면 진심으로 상대를 존중하고 호의를 가져야 한다. 예를 들어 "정말로 만나고 싶었습니다." 혹은 "헤어스타일이 멋지네요."라고 상대를 기분 좋게 만드는 인사는 강한 인상을 심어주어 당신을 오래 기억하게 만든다.

타인의 일에 성실한 관심을 갖는다

**타인의 일에 관심 갖지 않는 사람은 고난의 인생을 걷게 되며,
타인에게 커다란 폐를 끼친다. 인간의 모든 실패는 그런 사람들 사이에 생겨난다.**

친구를 얻는 방법을 배우기 위해서 굳이 책을 찾아 읽을 것까지는 없다. 이쪽이 접근하면 꼬리를 흔들면서 멈추어 서고, 어루만져주면 좋아서 호의를 보여주는 강아지가 바로 그 방면에서는 우리들의 스승이다.

우리는 집이나 토지를 팔아넘기려 한다든가 결혼해달라는 등의 다른 속셈으로 이와 같은 애정의 표시를 하는 것이 아니다. 단순히 사회적 관계로 살고 있는 동물은 애완견 정도이다. 닭은 달걀을 낳고, 소는 우유를 내고, 카나리아는 노래를 부르지만, 개는 오직 사람에게 애정을 바치는 것만으로도 살아갈 수가 있다.

그런데 세상에는 타인의 관심을 사기 위해서 얼토당토않은 노력을 계속하면서 잘못을 깨닫지 못하는 사람들이 많이 있다. 이런 방법

으로는 아무리 노력하여도 소용이 없다. 사람들은 대체로 남의 일에 관심을 갖지 않는다. 오직 자기의 일에만 관심을 갖는다.

단순히 남을 감탄시키기 위한 말은 하지 말라

뉴욕의 전기회사에서 고객들의 상담전화 내용을 분석한 결과 어떤 말이 가장 많이 사용되고 있는가를 연구한 적이 있다. 역시 가장 많이 사용되고 있는 것은 '나'라는 말이었다. 5백 번의 통화에 3990회나 '나'가 사용되었다. 여러 사람과 함께 자기가 찍혀 있는 사진을 볼 때 우리들은 제일 먼저 누구의 얼굴을 찾는가? 자기가 타인에게 관심을 가지고 있다고 생각하고 있는 사람은 다음의 질문에 대답할 말을 떠올려보라.

"만약 당신이 오늘 밤 죽었다고 한다면 몇 사람의 조문객이 장례식에 참가하여줄 것인가?"

또 다음의 질문에도 대답해보라.

"당신이 상대방에게 관심이 없다고 한다면 상대방이 당신에게 관심을 가질 수 있다고 생각하는가?"

단순히 남을 감탄시키는 말을 해서 관심을 불러일으키려고 하는 것만으로는 결코 참다운 친구를 많이 만들 수 없다. 참다운 친구는 그렇게 만들어지지 않는다.

세기의 영웅 나폴레옹도 그 방면에서는 실패한 사람이다. 조세핀과 헤어질 때 그는 이렇게 말했다.

"조세핀, 나는 세계 제일의 행운아지만 내가 진실로 신뢰할 수 있는 사람은 당신 한 사람뿐이오."

이 조세핀조차 그에게 있어서 과연 신뢰할 수 있는 인간이었던가는 매우 의심스러운 일이라고 역사가들은 말한다.

오스트리아의 유명한 심리학자 알프레트 아들러는 그의 저서에서 다음과 같이 말하고 있다.

"타인의 일에 관심을 갖지 않는 사람은 고난의 인생을 걷지 않으면 안 되며 타인에게 커다란 폐를 끼친다. 인간의 모든 실패는 그러한 사람들 사이에 생겨난다."

심리학에 관한 책은 많지만 어느 것을 읽어도 이만큼 의미심장한 말은 좀처럼 찾기 힘들 것이다. 이 말은 몇 번이고 되풀이해서 음미해 볼 가치가 있다.

부랑자 출신의 성공 비결

마술가인 하워드 서스톤은 그야말로 세상이 다 아는 스타요, 세계 각지를 순회하면서 무수한 대중들이 환각상태에 빠질 만큼 기이한 생각을 갖게 하고, 숨을 죽이게 만든 마술계의 거장이었다.

그의 성공 비결은 무엇이었을까. 학교 교육은 그의 성공에 하등 관계도 없었다. 그는 소년시절에 집을 뛰쳐나와 부랑자가 되어서 공짜로 화차를 타고 마른풀 속에서 자거나 문전걸식을 하고 다녔다. 글자 공부는 화차 속에서 철도 광고를 보며 했다. 그가 마술에 대해서 특별한 지식을 가지고 있느냐 하면 그렇지도 않았다. 마술에 관한 서적이 산더미처럼 출판되어 있는 만큼 마술에 대해서 알고 있는 사람도 많이 있을 것이라고 그는 말했다.

그러나 그는 다른 사람이 흉내낼 수 없는 두 가지의 재주를 가지고 있었다.

첫째는 관객을 매혹하는 그의 사람 됨됨이다. 그는 마술가로서의 훌륭한 테크닉을 터득하고 있었다. 몸짓, 말씨, 얼굴, 표정 등 자상한 점에 이르기까지 사전에 충분한 훈련을 쌓고 있어서 타이밍에 1초도 빗나가는 일이 없었다.

둘째는 인간에 대하여 진실한 관심을 가지고 있다는 점이다. 그에 의하면 대개의 마술사는 관객을 보면 마음속으로 '음, 꽤 얼빠진 사람들이 많이 왔구만. 이런 사람들을 속이는 것은 식은 죽 먹기지.'라고 생각한다고 한다.

그러나 서스톤이 취하는 방법은 전혀 달랐다. 무대에 설 때마다 그는 항상 '나의 무대를 보기 위하여 이렇게 일부러 찾아와주다니, 이 얼마나 감사한 일인가. 최선의 연기를 보여주자.'라고 생각했다고 한다.

서스톤은 무대에 설 때 반드시 마음속으로 '나는 손님을 사랑하고 있다.'라고 몇 번이나 되풀이했다. 사람들은 그를 어리석다든가 우스

꽝스럽다고 생각할지도 모른다. 그러나 그렇게 생각되는 이 방법이 세계 제일 가는 요술사의 성공 비결이었다.

시어도어 루스벨트의 절대적인 인기의 비밀도 역시 여기에 있었다. 하인들 한 사람까지도 그를 흠모하였으며, 흑인 요리사 제임스는 《요리사의 입장에서 본 시어도어 루스벨트》라는 책을 쓰기도 하였는데 그 책에 다음과 같은 대목이 있다.

어느 날의 일이었다. 나의 아내가 대통령에게 딱따구리는 어떤 새냐고 물어보았다. 아내는 딱따구리를 본 적이 없었다. 대통령은 나의 아내에게 딱다구리는 어떠어떠한 새라는 것을 입이 닳도록 가르쳐 주었다. 그리고 나서 얼마 뒤에 우리 집에 전화가 걸려왔다(에모스 부부는 오이스타 베일에 있는 루스벨트 저택 울 안의 작은 집에 살았다). 아내가 전화를 받았다. 상대방은 대통령이었다.

"지금 마침 그쪽 집 창 밖에 딱따구리가 한 마리 와 있으니까 창문으로 내다보면 그 새가 보일 거요."

이 작은 에피소드가 대통령의 인품을 잘 나타내 주었다. 대통령이 우리 집을 지나칠 때는 우리 모습이 보이거나 보이지 않거나 반드시, "여어, 애니! 여어, 제임스!" 하고 친근하게 부르며 갔다. 고용인들이 이런 주인을 좋아하지 않을 이유가 없다.

인간은 누구나 칭찬해 주는 사람을 좋아하는 법이다. 독일이 제1

차 대전에 패망하였을 때, 황제는 세계에서 가장 미움을 받는 존재가 되었다. 목숨이 위태로워서 폴란드로 망명할 무렵에는 자기 국민조차도 그의 적이 된 상태였다. 세상 사람들은 그를 증오하고 경멸해서 화장을 시켜도 부족하다고 생각하고 있었다.

이 분노의 폭풍 속에서 어떤 소년이 진정과 찬미에 가득 찬 편지를 카이저 황제에게 보냈다.

"누가 뭐라고 하여도 나는 폐하를 언제까지나 나의 황제로서 경애합니다."

이 편지를 읽고 카이저는 깊은 감동을 받았다. 그는 소년에게 꼭 한번 만나보고 싶다고 회답을 보냈다.

얼마 후 소년은 모친과 함께 황제를 찾아갔다. 그리고 카이저는 그의 모친과 결혼하였다.

C 상대방을 사로잡는 커뮤니케이션 테크닉

: 관심 분야 언급하기

상대방이 무엇을 좋아하는지 파악하라. 상대가 관심이 있는 분야를 언급하는 것이 수천 마디의 말을 늘어놓는 것보다 효과적이다. 상대방의 관심사를 적절하게 활용할 줄 알면 그 사람의 마음을 움직이는 데 반은 성공했다고 볼 수 있다.

항상 미소를 잃지 않는다

모든 일들은 소망에서 생겨나고 진심에서 우러나온 소원은 모두 이루어진다.
신이 되기 위한 첫 단계, 그것이 바로 인간이다.

동작은 말 이상의 웅변이다. 미소도 역시 그렇다.

"나는 당신을 좋아해요. 당신 덕분에 나는 즐겁습니다. 당신을 만나 뵐 수 있어서 기뻐요."

개가 인간에게 귀염을 받는 이유다. 주인을 보면 개는 기뻐서 어쩔 줄 모른다. 그 모습을 보고 어찌 귀여워하지 않을 수 있겠는가.

마음에도 없는 미소에는 아무도 속지 않는다. 형식적이고 기계적인 웃음에는 오히려 화가 치민다.

한 백화점의 노무주임은 점원을 뽑을 때 웃는 인상을 최고로 친다고 한다.

그는 점원으로서는 얼굴 표정이 진지하다 못해 심각해 보이는 대학원 출신의 아가씨보다 초등학교도 졸업하지 못했을지라도 사랑스러운 미소를 지닌 아가씨가 낫다고 한다.

어느 회사 사장은 일이 재미가 나서 못 견딜 정도가 아니면 좀처럼 성공할 수 없다고 말한다. 그는 '근면은 희망의 문을 여는 유일한 열쇠'라는 낡은 격언을 그다지 신용하지 않는다.

"요란스럽게 자신의 존재를 드러내면서 일을 하고 성공한 사람을 여러 사람 알고 있지만, 그러한 사람이 진실로 일과 씨름을 하게 되면 처음엔 일이 잘 풀리다가도 점차로 흥미를 못 느껴 끝내는 실패를 하고 만다."

자기와 교제를 하는 상대가 즐거워하기를 바라는 사람은 그로 인해 자기가 즐거워할 줄 알아야 한다.

미소를 짓고 싶지 않은 마음인 경우에는 어떻게 하면 되는가. 방법은 두 가지가 있다. 첫째는 무리하게라도 웃어 보이는 것이고, 둘째는 혼자 있을 때 휘파람을 불거나 콧노래를 부르거나 해서 늘 행복하고 유쾌한 기분을 유지하는 것이다. 하버드 대학의 교수를 지낸 윌리엄 제임스는 이렇게 말했다.

"동작은 감정에 따라서 일어나는 것 같지만, 동작과 감정은 병행한다. 동작은 의지력으로 직접 통제할 수 있지만 감정은 그렇지가 못하다. 그런데 감정은 동작을 조정함으로써 간접적으로 조정할 수가 있다. 따라서 쾌활함을 상실하였을 경우에 그것을 되찾는 최선의 방법은 그야말로 쾌활한 듯이 행동하고 쾌활한 듯이 지껄이는 것이다…."

행복을 위한 마음의 조정법

세상 사람들은 모두가 행복을 원한다. 그런다고 누구나 다 행복하게 살아가는 것은 아니다. 방법은 한 가지이다. 행복해지기를 원한다면 자기 마음의 조정법을 연구하라. 행복은 외적인 조건에 의하여 얻어지는 것이 아니며, 자기의 마음가짐 하나로 좌우될 수 있다.

행, 불행은 재산이나 지위, 혹은 직업 따위로 결정되는 것이 아니다. 무엇을 행복으로 생각하고 또 불행이라고 생각하느냐, 그 사고 방식이 행복과 불행의 갈림길이다. 가령 같은 장소에서 같은 일을 하고 있는 사람이 둘 있다고 하자. 한쪽은 불행하다고 느끼고, 한쪽은 행복하다고 느낄 수도 있다. 그것은 각자의 마음가짐이 다르기 때문이다.

"사물 자체에는 본래 선악이 없다. 다만 우리들의 생각 여하로 선과 악이 구별될 뿐이다."

이것은 셰익스피어의 말이다.

"대개의 사람들은 행복하려는 욕구가 강함에 따라서 행복하게 된다."

이것은 링컨의 말인데 과연 명언이다.

웃음의 철학

다음은 어느 회사 광고문에 나온 웃음에 대한 철학이다.

"웃음에는 밑천이 들지 않습니다. 그러나 이익은 막대하지요. 아무리 많이 베풀어도 줄지 않고 베푼 자는 더욱 풍부해집니다. 단 한순간이라도 당신의 밝은 미소를 접한 사람에겐 그 기억이 영원한 이미지로 간직될 수가 있습니다. 어떤 부자라도 웃음을 모른다면 결코 행복한 삶을 산다고 할 순 없겠지요. 반면 물질적으로 아무리 가난해도 웃음이 넘치는 집안에는 행복이 가득합니다. 진정한 미소는 가정에 행복을, 사업에는 신뢰를 가져옵니다. 미소야말로 우정의 다른 표현입니다. 피로한 사람에겐 휴식이 되고, 슬픔에 빠진 사람에겐 위안의 빛이 되고, 찡그린 사람에게는 해독제가 되지요. 이것은 돈을 주고 사는 것도, 강요하는 것도, 빌리는 것도, 또 훔치는 것도 의미가 없습니다. 아무 조건 없이 무상으로 주어야 비로소 가치가 있는 것입니다."

C 상대방을 사로잡는 커뮤니케이션 테크닉

: 그가 자랑하고 싶은 것에 대해 잘 알고 있어도 모른 척하라

자랑하고 싶은 마음은 인간의 본능이다. 바꿔 말하면 사람은 자신의 가치를 인정해주고 존중해주는 이에게 호감을 느낀다는 것이다. 상대방의 마음을 사로잡으려면 그가 자랑하고 싶은 것에 대해 잘 알고 있어도 모른 척하라. 그리고 그의 설명을 열심히 들어줘라. 분명 당신이 원하는 목적을 달성할 수 있을 것이다.

가족들에게도 예의를 지킨다

참다운 행복을 얻기 위해서는 일보다
결혼생활을 보다 더 중요시할 필요가 있다는 점을 잊어서는 안 된다.

무례한 행동이나 거친 언어는 애정을 파괴하는 암적 요소이다. 그런데 우리는 모르는 사람에겐 예의를 지키면서도 가족들에게만큼은 함부로 행동하는 경우가 많이 있다.

"지겨워, 또 그 얘기야?"

남에게 이런 식으로 말하는 경우는 거의 없을 것이다. 또한 친구의 편지를 아무 말도 없이 열어 보거나, 비밀을 파헤친다거나 하지는 않을 것이다.

그런데 가장 중요한 가족에 대해서는 이와 같이 무례한 짓을 예사로 해치운다.

윌리엄 제임스의 논문 〈인간의 맹목성에 대해서〉 중에 다음과 같은 글이 있다.

여기에서 말하는 인간의 맹목성이라는 것은 자기 이외의 동물이나 인간의 감정에 대해서 무감각한 것을 말하며, 우리들은 모두가 이러한 경향을 지니고 있다.

고객이나 동료에 대해서는 절대로 난폭한 말을 쓰지 않는 남자도 아내를 예사로 몰아세운다. 그러나 참다운 행복을 얻기 위해서는 일보다 결혼생활을 보다 더 중요시할 필요가 있다는 점을 잊어서는 안 된다.

비록 평범하더라도 행복한 가정생활을 이루고 있는 사람이 그렇지 못한 독신의 천재보다 훨씬 행복하다.

러시아의 문호 투르게네프는 다음과 같이 말하였다.

"나를 위하여 저녁 준비를 하고 기다리고 있는 여성이 어디엔가 있다면, 나는 모든 재능을 내던져도 아깝지가 않다."

그런데 왜 남자는 일에 쏟는 만큼의 열성을 가정에 쏟지 못하는가. 백만장자가 되는 것보다 훨씬 의미 있는 일은 평화롭고 행복한 가정을 이루는 것이다. 하지만 가정이 원만하게 돌아가도록 하기 위해서 참다운 노력을 기울이는 사람은 거의 없다. 인생에 있어서 가장 중대한 사건을 그날그날 운에 맡기듯 방치하는 남자들도 많다. 심지어 아내에게는 친절하게 대해주기보다 강압적인 태도로 억누르는 게 효과적이라고 말하는 경우도 있다.

그들은 정말로 몰라서 그런 행동을 하는 것일까? 유감스럽게도 대부분의 남편들은 어떻게 하면 아내를 잘 다룰 수 있는지 알고 있다.

여자들은 특히 칭찬에 약하다. 조금만 따뜻한 말을 해줘도 남편을 향한 불만이 봄눈 녹듯이 사라지곤 하는 게 여자들이다. 아내의 눈에 키스를 해주면 장님과 같이 순종하게 되며, 입술에 키스를 해주면 바보처럼 따른다는 것을 세상의 남편들은 모두 알고 있을 것이다.

그리고 세상의 아내들도 남편이 그 정도는 알고 있을 것이라고 믿는다. 그녀는 자기를 기쁘게 하는 방법을 남편에게 가르쳐줄 수도 있다. 그럼에도 불구하고 남편들은 그러한 방법을 사용하려고 하지 않고 아내와 다투어서 큰 손해를 입는 것이 아첨을 하는 것보다 더 낫다고 생각하고 있는 것 같다. 그런 남편에게 아내가 화를 내는 것은 당연하지 않겠는가.

C 상대방을 사로잡는 커뮤니케이션 테크닉

: 화술에 능한 사람은 어떤 자리에서든 대화를 리드한다

대화를 리드해야 목적을 달성하기 쉽다는 것을 알기 때문이다. 상대방의 마음을 사로잡고 싶다면 적극적인 자세로 대화를 리드하라. 대화를 주도할 줄 아는 사람이 어떤 분야에서든 앞서 갈 수 있다.

상대방의 입장에서 생각하고 바라본다

항상 상대의 입장에 자기를 두고 상대방의 입장에서 사물을 보고 생각하는 것만 배워도
성공의 제1보는 이미 내디딘 것이나 다름이 없다.

사람을 내 편으로 만들고 싶다면 자신의 기호는 되도록 잊으라. 자기 것만 중시하는 태도는 철부지들이나 하는 짓이다. 물론 우리는 자기가 좋아하는 것에 흥미를 가진다. 또 그 흥미는 영원히 변치 않을 것이다. 그러나 자기 외에는 아무도 그런 것에 흥미를 가져주지 않는다. 사람들은 모두들 자기 일에 바쁘기 한량없기 때문이다.

반대로 남의 것을 존중해주는 태도를 취해보도록 하자. 놀랍게도 상대방이 당신에게 집중하는 것을 느낄 수 있을 것이다. 그는 자신의 흥미에 관한 당신의 질문에 귀 기울이고, 자신의 이야기를 경청하는 당신의 모습에 온 신경을 모은다. 자기가 좋아하는 것에 관심을 나타내는 것 자체가 그에겐 이미 충분히 감동적이기 때문이다. 여기에 그에게 도움이 될 만한 한두 가지 정보가 추가될 수 있다면 금상첨화

다. 그는 당신과 이야기를 나누는 것에 대단한 흥미를 느낄 게 분명하다. 그러므로 사람을 움직이는 유일한 방법은 그 사람이 좋아하는 것을 문제로 삼고 그것을 손에 넣는 방법을 가르쳐주는 것이다.

이 점을 잊어서는 사람을 다룰 수 없다. 가령 아직 어린 자녀들에게 담배를 피우지 않게 하려면 설교는 쓸모가 없다. 부모 자신의 희망을 말하는 것도 좋지 않다. 그보다는 담배를 피우는 사람은 야구 선수가 될 수 없고 백 미터 경주에서도 이길 수 없다는 것을 설명해 주어야 한다. 이 방법을 터득하고 있으면 아이들이나 송아지나 또는 침팬지라도 마음대로 움직일 수가 있다.

인간의 행동은 마음속의 욕구에서 생긴다

인간의 행동은 무엇을 원하는가에서 출발한다. 적십자사에 1만 원을 기부하는 행위는 어떤가? 이것도 결코 이 법칙에서 벗어나 있지는 않다. 기부의 목적은 어려운 사람들을 돕고 싶다고 생각하기 때문이고, 신과 같이 아름다운 희생의 행위를 하고 싶다고 생각했기 때문이다. 가난한 형제를 돕는 것은 말하자면 신을 섬기는 일이다.

아름다운 행위에서 생기는 기쁨보다 차라리 1만 원이 탐난다고 생각하는 사람은 기부 같은 것은 하지 않을 것이다. 물론 마지못해 한다든가 괄시할 수 없는 사람으로부터 의뢰를 받았다든가 하는 이유에서 기부를 하는 경우도 있다. 그러나 기부를 한 이상 무엇인가를 원했던 것은 확실하다.

미국의 심리학자 오버스트리트 교수의 명저《인간의 행위를 지배하는 힘》에 다음과 같은 말이 있다.

"인간의 행동은 마음속의 욕구에서 생긴다. 그러므로 사람을 움직이는 최선의 방법은 우선 상대의 마음속에 강한 욕구를 일으키게 하는 것이다. 사업, 가정, 학교, 혹은 정치 등 어떤 의도에서든 사람을 움직이려면 이 사실을 잘 기억해둘 필요가 있다. 이것을 할 수 있는 사람은 만인의 지지를 얻는 일에 성공하고, 할 수 없는 사람은 한 사람의 지지자를 얻는 데도 실패한다."

강철왕 앤드류 카네기도 애당초 스코틀랜드 태생의 가난뱅이에 지나지 않았다. 시간당 2센트의 급료를 받고 일하던 그가 나중에는 사회의 각 방면에 3억6천5백만 달러의 기부를 하기에 이르렀다. 그는 젊은 날에 이미, 사람을 다루려면 상대가 원하는 것들을 배려해야 한다는 걸 깨우쳤다.

비록 4년간의 학력이 전부였으나 사람을 다루는 방법을 알고 있었던 것이다.

타인의 입장을 이해하라

남을 설득시켜서 무엇인가 일을 시키려면 명령하기에 앞서 자신에게 물어볼 필요가 있다.

'어떻게 하면 하고자 하는 욕구를 상대에게 불러일으킬 수 있는 가?'

자동차왕 헨리 포드가 인간관계에 대해서 언급한 명언이 있다.

"성공에 비결이라고 하는 것이 있다고 한다면, 그것은 타인의 입장을 이해하고 자기의 입장과 동시에 타인의 입장에서 사물을 볼 수 있는 능력이다."

실로 음미해볼 만한 말이 아닌가. 몇 번이고 되풀이해서 잘 기억해 주기를 바란다. 참으로 간단하고 알기 쉬운 이치지만, 그러면서도 대개의 경우 사람들은 그것을 지나쳐버리기 쉽다.

오늘도 여전히 수많은 세일즈맨이 충분한 수입도 얻지 못하고 실망과 피로에 지쳐서 거리를 돌아다니고 있다. 왜냐하면 그들은 항상 자기가 원하는 것만을 생각하기 때문이다. 고객들은 별로 사고 싶은 생각이 없는데 그것을 알지 못하고 있다. 사고 싶은 것이 있으면 스스로가 나가서 사게 된다. 우리들은 자기의 문제를 해결하는 데는 언제나 적극적이다. 그러니까 세일즈맨이 팔려고 하는 것이 생활에 도움이 된다는 것이 증명만 되면 이쪽에서 자진해서 산다. 세일즈맨은 강매를 할 필요가 전혀 없다. 손님이라는 존재는 사고 싶어서 사는 것은 좋아하지만 강요를 당하는 것은 원치 않는다. 그럼에도 불구하고 대다수의 세일즈맨은 손님의 입장에 서서 생각하고 팔려고 하지 않는다.

"타인의 입장에 자기를 둘 수 있고, 타인의 마음의 움직임을 이해할 수 있는 사람은 장래를 걱정할 필요가 없다."

오웬 영의 말이다.

항상 상대의 입장에 자기를 두고 상대방의 입장에서 사물을 보고 생각하는 것만 배워도 성공의 제1보는 이미 내디딘 것이나 다름이 없다.

대학에서 어려운 라틴어나 미적분을 배운 사람들도 자기 자신의 마음의 움직임에 대해서는 전혀 모르는 경우가 많다. 여기서 오버스트리트 교수의 말을 거듭 되새겨보자.

"우선 상대의 마음속에 강렬한 욕구를 불러일으킬 것. 이것을 할 수 있는 사람은 만인의 지지를 얻는 데 성공하고, 할 수 없는 사람은 한 사람의 지지자를 얻는 데도 실패한다."

자존심을 자극하라

한 부부가 3살짜리 어린 자녀 문제로 고민이 이만저만 아니었다. 아이가 심하게 편식을 하기 때문이다. 세상의 부모가 다 그러하듯이 그 부부는 아이를 나무라거나 강요하기만 했다.

"엄마는 무조건 너 잘 되라고 이러는 거야. 그러니 이것을 다 먹어야 해."

"아빠는 네가 건강해지길 원해. 그런데 왜 맨날 먹는 게 그 모양이니?"

이런 말만을 듣고 이 아이가 부모의 소망을 들어준다면 그것이 더 이상스럽다. 30대의 부모가 생각하는 방식을 3살짜리 아이에게 납득시키려고 하는 것은 무리라는 것쯤은 누구나 잘 알고 있다. 그럼에도 불구하고 이 부부는 몇 번이고 시행착오를 되풀이했다.

"도대체 저 아이가 가장 원하는 것은 무엇일까. 어떻게 하면 저 아이의 소원과 나의 소원을 일치시킬 수가 있을까?"

생각의 방향을 바꿔보니 해결책을 찾을 수 있었다. 그 아이는 세발자전거를 가지고 있으며 그것을 타고 집 앞 길에서 노는 것을 좋아한다. 그런데 이웃에 사는 개구쟁이가 툭하면 세발자전거를 빼앗아 자기 것인 양 타고 다닌다. 자전거를 빼앗기자 아이는 울음보를 터뜨리고 엄마에게 달려온다. 엄마는 급히 뛰어나가서 세발자전거를 도로 찾아온다. 이러한 일이 거의 매일같이 되풀이되었다.

이 아이는 무엇을 가장 원하고 있을까? 셜록 홈즈를 들먹일 필요도 없이 조금만 생각해보면 즉각 알 수가 있다. 그 부부는 아이의 자존심, 노여움, 자존감을 자극해서 언젠가는 개구쟁이 악동에게 앙갚음을 해주어야겠다는 굳은 결심을 갖게 했다.

"엄마가 권하는 것을 먹기만 하면 곧 너도 그 애보다 더 강하게 될 거야."

이 한마디로 아이의 편식 문제는 그날로 해소되었다. 아이는 그 악동을 곯려주고 싶은 마음에 무엇이든지 먹게 되었다. 편식 문제가 해결되자 그들은 또 다음 문제에 부닥치게 되었다.

이 아이의 또다른 골칫거리는 밤에 오줌을 싸는 버릇이었다. 이 아이는 늘 할머니와 함께 자는데, 아침이 되면 여지없이 할머니의 걱정을 들었다.

"이 녀석, 또 오줌을 쌌구면…."

그런데 아이는 완강하게 자신의 행동을 부정하며 오줌을 싼 것은 할머니라고 우긴다. 거짓말하는 것은 좋지 않다며 야단을 치거나 앞으로는 주의하라고 타일러도 전혀 효과가 없다. 부부는 아이가 밤에 오줌을 싸지 않는 방법을 연구해보았다.

아이는 무엇을 원하고 있는가?

첫째 지금 입고 있는 잠옷이 아닌 아빠와 같은 파자마를 입고 싶어했다. 할머니는 손자의 나쁜 버릇에 진력이 나 있었기 때문에 그것을 고칠 수만 있다면 파자마를 사주어도 좋다고 제의했다. 다음에 아이가 소원하고 있는 것은 자기 전용 침대였다. 여기에도 할머니는 이의가 없었다.

"이 애가 사고 싶은 물건이 있대요."

아이를 데리고 가구점으로 간 엄마가 눈짓을 하자 판매원 아가씨도 사태를 파악하고 고개를 끄덕이며 아이에게 물었다.

"어서 오세요, 손님. 뭐가 필요하지요?"

판매원의 친절에 자존감이 살아난 아이가 만족스럽게 대답했다.

"혼자 쓰는 침대를 사고 싶어요."

엄마로부터 사인을 받은 판매원의 권유에 따라서 결국 아이는 엄마가 사주고 싶어 했던 침대를 골랐다.

다음 날 침대가 배달되었다. 저녁에 아빠가 돌아오자 아이는 부리나케 현관으로 뛰어나갔다.

"아빠, 빨리 2층으로 가서 새로 산 침대를 봐주세요!"

아이 아빠는 침대를 보러 가서 아낌없이 칭찬을 해주었다.

"이 침대에서는 오줌을 싸지 않겠지?"

아이는 절대로 오줌을 싸지 않겠다고 약속했고, 실제로 그 이후에는 오줌을 싸지 않았다. 자존심이 약속을 지키게 한 것이다.

ⓒ 상대방을 사로잡는 커뮤니케이션 테크닉

: 화술의 성패를 결정하는 것은 내가 아니라 듣는 사람이다

자신의 생각과 느낌에 대해 상대방이 호응하지 않으면 아무리 말을 잘 해도 소용이 없다. 만약 지금 당신의 말에 상대방이 시큰둥해한다면 이야기의 중심이 누구인지 살펴보라. 분명 당신 중심의 말하기를 하고 있을 것이다.

• **말할 준비를 갖춰라**

말할 준비가 안 돼 있을 경우에는 어떤 태도를 취해도 자신감이 생기지 않는다. 준비가 되어 있지 않는 상태에서 자신감이 생기기를 바라는 것은 모순이다.

• **말하기 전 30초 동안 심호흡을 하라**

유명한 테너 가수 잔 드렛케는 최대한 심호흡을 하면 불안감이 사라진다고 말했다. 실제 크게 심호흡을 하면 떨리는 마음이 진정되고 용기가 솟는다.

• **앞에 있는 사람들에게 받을 돈이 있다고 생각하라**

듣는 사람들이 당신에게 채무를 지고 있고 빚을 갚을 날짜를 연기해 달라고 사정하기 위해 모였다고 상상을 하면 마음이 한결 가벼워지고 자신감이 생긴다.

• 자신감 넘치고 용기 있는 사람의 말을 들어보라

당신에게 모범이 될 수 있는 사람의 이야기를 듣게 되면 많은
도움을 받을 수 있을 뿐만 아니라 심적 부담을 줄일 수 있다.

• 주변 사람들에게 테스트를 하라

주변 사람들에게 몇 번 테스트를 하다 보면 말하기에 대한 자신
감이 생긴다.

PART 2

사람을 움직이는 법칙

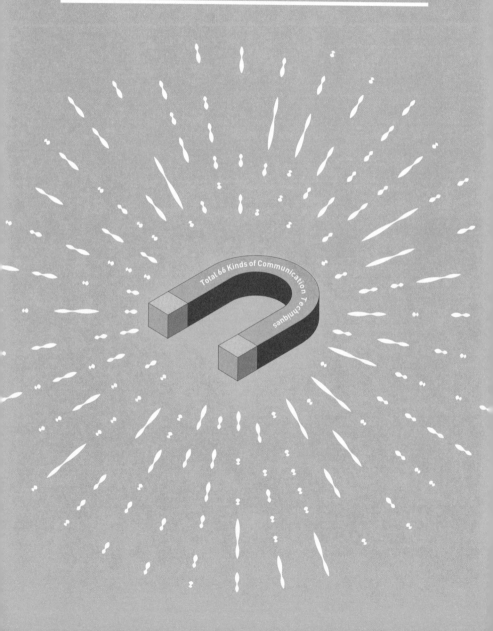

잘 어울리는 방법만으로는 부족하다

**진정으로 우리에게 중요한 것은, 상대방의 자존심을 손상시키지 않으면서
스스로도 만족할 수 있는 대인관계이다.**

다른 사람들과 잘 어울리는 방법을 터득하는 것만으로는 성공이나 행복을 얻을 수 없다.

겁이 많은 사람들은 재난을 피하기 위하여 다른 사람들과 접촉하는 방법을 몸에 익힌다. 그리고 우유부단하여 용기가 없는 사람들은 다른 사람에게 짓밟혀도 전혀 고통을 느끼지 않는 처세법을 배운다. 이와 반대로 독재자나 폭군 타입의 인간은, 모든 반대 의견을 타도하여 상대방을 짓밟고 전진하는 방법을 배운다.

그러나 우리에게 이런 식의 대인관계법은 아무런 소용이 없다. 중요한 것은, 상대방의 자존심을 손상시키지 않으면서 스스로도 만족할 수 있는 대인관계이다. 이것만이 삶의 진정한 성공과 행복을 보장하는 유일한 방법이다.

카네기공과대학에서 1만 명의 기록을 분석한 결과, 기술적인 숙련도나 두뇌의 우수성은 성공 요인의 15퍼센트에 불과한 반면, 뛰어난 대인관계의 능력은 성공의 85퍼센트를 차지했다. 또 하버드 대학 직업지도부가 직장에서 해고당한 사람들을 대상으로 한 조사결과에 의하면, 대인관계에 서툰 사람들이 맡은 바 직무를 제대로 수행하지 못해 해고당한 사람들보다 2배나 많았다.

여러 신문에 게재된 A. E. 위컴 박사의 〈정신탐방(精神探訪)〉이라는 연구 보고서에 따르면 이 비율은 더욱 높다. 즉 어느 해에 해고당한 4천 명을 대상으로 조사한 결과, 직무 수행에 문제점이 있었던 사람은 전체의 10퍼센트인 4백 명인 데 비하여, 대인관계가 서툰 것이 원인이었던 사람은 무려 90퍼센트에 달하는 3천6백 명이나 되었다고 한다.

시험 삼아 당신 주변을 한 번 둘러보라.

성공을 거둔 사람이 있다면, 과연 그들은 두뇌나 기술이 뛰어난 사람들인가? 그리고 누구보다도 인생을 행복하게 살아가고 있는 사람들이 있다면, 그들 또한 남보다 뛰어나게 머리가 우수한 사람들인가?

그들을 잘 관찰하고 깊이 생각해보라. 그러면 당신은 틀림없이, 성공을 거두고 행복을 누리는 사람들은 대인관계에 어떤 비결을 가지고 있다는 사실을 알게 될 것이다.

먼저 **기본**기에 **충실**하자

**사람의 마음을 움직이려면
인간성과 인간 행동의 원인에 대한 이해로부터 출발하라.**

대인관계에 대한 숙련 또한 다른 모든 분야에서와 마찬가지로 가장 기본적인 일반 원칙을 이해하고 습득함으로써 성공을 거둘 수 있다.

사람을 만날 땐 무엇을 어떻게 해야 하는가에 대한 것뿐만이 아니라 왜 그렇게 해야 하느냐에 대해서도 알아야 한다는 얘기다. 물론 그것이 천편일률적인 것이어서는 안 되지만, 사람 사는 사회의 기본 원칙이란 점에서는 만인 공통의 것이라고 할 수 있다.

당신이 만나는 개개인은 전부가 다른 인간이다. 그 개개인 전부가 각각 다른 방법을 습득해야 한다면 한도 끝도 없을 것이다. 그것은 마치 피아니스트들에게 한 곡 한 곡을 전혀 새로운 방법으로 익히라고 요구하는 것과 같다.

피아니스트는 우선 일정한 원칙을 습득한다. 음악에 대한 기본적인 사항을 배운 다음에라야 연주를 잘할 수 있기 때문이다. 그러나 피아노를 칠 수 있는 방법을 터득했다고 해서 누구나 훌륭한 피아니스트가 되는 것은 아니다. 똑같은 소리를 낸다는 것은 기술적 숙련에 따른 것일 뿐 거기에 예술적 가치를 부여하긴 어렵다.

사람을 움직이는 것 역시 피아노의 경우와 마찬가지이다. 사람을 움직이는 방법을 배웠다 할지라도, 형식적이고 기계적인 방법으로만 접근하려 한다면 아무 소용이 없다.

우리는 누구나 성공과 행복을 원하고 있다. 그렇지만 자기가 바라는 것을 자기 혼자 어찌 어찌 해서 손 안에 넣을 수 있었던 시대는 이미 지나가 버렸다. 그렇다고 내가 원하는 것을 갖게 해달라고 남에게 구걸을 할 수는 없다. 남의 동정이나 바라고 비굴하게 머리 숙이는 인간은 존경도, 도움도 받지 못한다. 그런 사람은 오직 멸시와 연민의 대상이 될 뿐이다.

오늘날, 자기가 바라는 것을 얻을 수 있는 유일하고도 확실한 방법은 대인관계에 능숙해지는 것이다.

C 상대방을 사로잡는 커뮤니케이션 테크닉

: 내 말의 장단점을 파악하라

상대방의 마음을 사로잡는 효과적인 화술을 구사하고 싶다면 자신의 화술에 점수를 매겨라. 그리고 부족한 부분을 노력과 연습으로 채워 넣어라. 그러면 언젠가 상대방을 효과적으로 설득하고 있는 자신을 만나게 될 것이다.

자신을 좋아해야 다른 사람도 좋아할 수 있다

자기와 잘 타협하지 못하고 다른 사람과도 사이가 좋지 않은 사람은
누구나 예외 없이 자존심이 결여되어 있다.

원만한 대인관계란 자존심에서 비롯되는 것이다. 자기중심적인 사람의 단점은 지나치게 이기적인 속성이 강하다는 데 있다. 심리학자들은 자기를 평가하는 기준이 유별나게 높은 성향을 가진 사람들에겐 그 교만한 본성을 폭로하여 기를 꺾어주는 것이 좋다고 말한다.

예전 같으면 위와 같은 방법이 통할 수 있었다. 물론 오늘날에도 고집스럽고 접촉하기 어려운 사람들에게 이러한 방법이 사용되는 경우가 있긴 하지만, 긍정적인 효과를 기대하기는 어려울 것이다. 그런 식으로는 도리어 상대방의 적의와 반감만을 살 것이기 때문이다.

심리학자들은 매사를 자기중심적으로만 생각하는 사람들의 심리 상태를 간단하게 설명하고 있다. 그들은 자존심이 너무 강해서 그런 행동을 하는 게 아니라, 오히려 자존심이고 뭐고 없기 때문에 비타협

적이라는 것이다. 대체로 자기 자신과 잘 타협하는 사람은 다른 사람과도 원만한 관계를 유지한다.

보나로 오버스트리트 여사의 말을 들어보자.

"자기와 잘 타협하지 못하고 다른 사람과도 사이가 좋지 않은 사람은 누구나 예외 없이 자존심이 결여되어 있다. 원만한 대인관계란 자존심에서 비롯되는 것이다."

자기 자신을 좀 더 좋아하게 되면, 다른 사람도 좋아하게 된다. 또한 자기에 대한 불만을 극복하면, 다른 사람들에 대해서도 관대하게 되고 비난하는 일도 없어진다.

실험심리학자들은 실제로 여러 가지 문제를 안고 있는 수천 명의 증세를 연구한 결과, 자아에 대한 굶주림은 음식물에 대한 굶주림과 마찬가지로 보편적이고 자연적인 것이라는 결론을 내렸다. 즉 육체는 생존을 위하여 음식물을 필요로 하고, 각 개인의 독자적인 개성인 자아는 존경과 인정과 성취감이라는 음식물을 필요로 한다는 것이다.

굶주린 자아는 비굴한 자아이다

자아를 위(胃)에 비유하면 인간 행동의 원인을 이해하기가 쉽다.

하루 세 끼를 제대로 섭취하고 있는 사람은 위에 대하여 생각하는 일이 거의 없다. 그러나 하루나 이틀쯤 굶는다면 배고픔 때문에 인격

마저 변해버릴 것이다. 관대하고 명랑하고 온후한 성격의 소유자가 옹졸하고 음울하고 거친 사람으로 변하는 것은 물론, 남을 비난하며 아무에게나 마구 대들게 될지도 모른다. 혹여 선의를 지닌 친구들이 그에게 '자네의 괴로움은 위를 지나치게 의식하기 때문이니 그 생각을 잊어버리게.'라고 충고해도 아무 소용이 없다.

이러한 위중심주의(胃中心主義)를 고치는 데는 생존에 대한 자연의 욕구를 충족시켜주는 한 가지 방법밖에는 없다.

자연은 모든 창조물에 대하여 나와 나의 기본 욕구가 무엇보다도 중요하다는 본능을 심어놓았다. 결국은 자기 이외의 것에 주의를 돌리기 전에, 우선 먹음으로써 자기의 기본적인 욕구를 채워주어야만 한다는 것이다.

자기중심적인 사람도 이와 똑같다고 할 수 있다. 건전하고 정상적인 인격을 가지고 있는 사람에게 자존감이나 성취감은 자연적인 욕구에 다름 아니다. 그러므로 자기중심적인 사람에게 자기만 알지 말고 남의 입장도 좀 생각해보라고 나무라도 아무런 소용이 없다. 자아에 대한 굶주림이 충족되지 않는 이상 타인에게 생각을 돌릴 수가 없기 때문이다.

C 상대방을 사로잡는 커뮤니케이션 테크닉

: 상대방의 부탁을 승낙하기로 마음먹을 때는 마음을 비워야 한다

만약 그렇지 않다면 단호하게 거절을 해야 한다. 흔쾌히 받아들이지 않은 승낙은 훗날 돌이킬 수 없는 사태를 불러올 수 있고, 상대방에게 우유부단하다는 인상을 심어 줄 수 있다.

사소한 것이 큰 것을 잃게 한다

**작은 불씨가 거대한 산을, 한 도시를 불태운다는 사실을 명심하라.
이와 마찬가지로 사소한 행동이 연쇄반응을 일으키면 원자폭탄이 될 수도 있다.**

대인관계를 개선하는 가장 좋은 방법은 우리가 가지고 있는 이 보물을 상대방에게도 나누어주는 일이다. 아까워할 필요가 없다. 불공평한 것도 좋지 않다. 그것은 전혀 비싸지도 않고, 아무리 써도 바닥이 드러나지 않는다. 그러나 그것을 거래에 이용해서는 안 된다. 당신이 바라는 것과 교환을 하려 해서도 안 되고, 그것으로 상대를 낚으려 해서도 안 된다. 차별을 두지 말고, 모두에게 나누어주어라. 그러면 그 보물은 반드시 몇 배의 대가를 당신에게 되돌려줄 것이다.

사람은 누구나 굶주려 있다

성공한 사람이라고 해서 자기가 중요하다는 감정을 지니고 있지 않다고 착각해서는 안 된다. 적어도 이 점에 대해서만큼은 사람은 누구나 굶주려 있다.

예의범절도 따지고 보면 인간으로서의 가치를 지니고 있다는 사실을 확인하기 위한 보편적인 굶주림의 소산이라고 할 수 있다. 즉 예의범절은 '나는 당신의 중요성을 인정합니다.'라는 표현을 하기 위한 하나의 방법이다.

인간은 백인백색이어서 서로 다른 생활을 하고, 다른 음식을 먹고, 다른 의복을 입는다.

그러나 모든 사람에게 공통된 것 한 가지는, 사람은 누구나 자기가 중요하다고 생각할 뿐 아니라, 다른 사람들이 그것을 인정해주기를 바라고 있다는 점이다.

우리가 자기 자신에 대하여 지니고 있는 감정은, 대체로 다른 사람들이 자기에 대하여 지니고 있는 감정의 소산이다.

모든 사람들로부터 보잘것없고 무가치한 인간으로 취급당하면서도 자기의 존엄성과 가치관을 유지해 나갈 수 있는 사람은 한 명도 없을 것이다.

겉으로 얼핏 보기에는 아주 대단치 않은 사소한 일이 인간관계에 있어서 얼마나 놀라운 결과를 초래할 수 있는지 우리는 항상 경험하고 있다.

가령 당신이 누군가를 기다리기 위해 5분을 허비했는데, 그러고서도 상대방을 만나지 못했다고 치자. 기분이 어떻겠는가? '고작 5분

정도 가지고 뭘 그래!'라고 말할 사람이 있을지도 모른다. 사실 우리의 인생에서 5분은 그리 중요하지 않을 수도 있다.

그러나 경우에 따라 이 5분은 단순히 5분에 그치는 것이 아니라, 예상치 못한 엄청난 사태를 초래할 수도 있다.

상대방으로 하여금 5분을 기다리게 해놓고도 그를 만나주지 않았을 때, 그 의미는 '나는 당신을 만나고 싶지 않다.' 또는 '당신은 나를 만날 만큼 중요한 인물이 아니다.'라는 뜻으로 확대 해석될 수도 있는 것이다.

다음은 어느 부부가 이혼을 하기 위해 이혼 소송장에 기입한 이혼 사유이다.

아내 : 나와 함께 외출을 하면 그이는 언제나 미인에게 눈길을 돌립니다. 그이는 내가 돈을 헤프게 쓴다고 사람들에게 말하기를 좋아합니다.

남편 : 아내에게는 내 식사보다도 고양이의 밥이 더 중요한 모양입니다. 내가 새까맣게 탄 토스트를 싫어하는 줄 알면서도, 아내는 매일 아침 토스트를 태우는 그런 여자입니다.

어떤가? 이처럼 사소한 일이 이들 부부를 이혼하게끔 한 이유라니 놀랍지 않은가?

그러나 그것은 그리 놀랄 만한 일이 아니다. 이런 사소한 일이 반복되어, '내가 당신을 중요하게 생각하지 않는다는 사실을 아직 몰랐어요?'라는 뜻으로 확대된다면, 얼마든지 이혼의 사유가 될 수 있는 것이다.

작은 불씨가 거대한 산을, 한 도시를 불태운다는 사실을 가슴 깊이 명심하라. 사소한 말과 행동이 연쇄반응을 일으키면 원자폭탄이 될 수도 있다.

C 상대방을 사로잡는 커뮤니케이션 테크닉

: 허물을 찾으려 하지 말라

타인의 허물을 찾아내는 것은 쓸데없는 짓이다. 상대는 곧 방어 태세를 갖추고 어떻게든 자신을 정당화하려고 할 것이기 때문이다. 게다가 자존심이 상해 반항심까지 생겨 적의를 품게 된다. 남을 비평하거나 잔소리를 늘어놓는 것은 누구라도 할 수 있다. 어리석은 사람일수록 다른 사람의 허물을 들춰내는 법이다.

상대방으로 하여금 스스로 행동하게 만든다

**사람은 누구나 자신의 자아를 높이기 위하여 행동한다.
상대를 도와줄 수 있는 사람은 '자기뿐'이라는 사실을 증명해보여라.**

하루는 카네기가 남부의 한 도시에서 개최된 어느 회의에 참가한 적이 있는데, 부득이한 사정이 생기는 바람에 그곳에서 하룻밤을 묵어야만 했다.

하는 수 없이 전에도 묵은 적이 있는 호텔을 찾아갔다. 호텔 프런트는 예약 손님들로 붐비고 있었다.

"선생님, 큰일 났군요. 미리 말씀해 주시지 그러셨어요? 보시다시피 손님이 이렇게 많으니 저로서도 어떻게 할 도리가 없습니다."

지배인은 안타까운 표정으로 말했다.

"그렇긴 하지만, 이 도시에서 나를 재워줄 수 있는 호텔의 지배인은 자네뿐이라구. 나는 이 호텔 말고는 아는 데가 한 군데도 없다네. 자네가 방을 마련해주지 못하면 어딜 가도 마찬가지야. 공원에서라도 잘 수밖에."

지배인은 카네기의 말이 끝나기가 무섭게 말했다.

"그렇습니까? 그러면 30분만 기다려주십시오. 어떻게든 방을 마련해 보겠습니다."

그는 비공식 회의장으로 사용되는, 고급가구가 놓여 있는 작은 방을 카네기에게 주었다.

욕실이 완비되어 있었기 때문에, 침대만 들여놓으면 그럴듯한 침실이 될 수 있는 그런 곳이었다.

이리하여 카네기는 하룻밤을 그 호텔에서 묵을 수 있었고, 지배인은 카네기 때문에 성취감을 맛보았다. 그는 카네기를 도와줄 수 있는 사람은 '자기뿐'이라는 사실을 자신과 카네기에게 증명해보임으로써 자아를 높일 수 있었던 것이다.

C 상대방을 사로잡는 커뮤니케이션 테크닉

: 상대방의 이름을 기억한다는 것은 곧 그를 존중한다는 의미이다

대화를 할 때 상대방의 이름을 기억하는 것은 의사소통을 원활하게 하는 하나의 방법이다. 이름은 불과 몇 음절에 불과하지만 모든 사람들에게 특별한 의미를 갖기 때문이다. 타인과 구분하는 기준이 되는 동시에 개성을 표현한다. 그래서 상대방이 자신의 이름을 잘못 기억하거나 기억하지 못하면 불쾌감을 느낀다. 반면 전혀 예상치도 못했던 사람이 자신의 이름을 기억해주면 호감을 갖는다.

상대방의 존재를 인정하라

대인관계를 성공시키려면 상대방을 진정한 인간, 훌륭한 인격체로서 인정해주어야 한다.

외교용어로 상대국을 '승인한다'는 말을 들었을 것이다. 이때 '승인한다'는 것은 상대국을 진정한 국가, 진정한 정부로 인정한다는 뜻이다.

인간관계에서도 이와 같은 외교방법을 교훈으로 삼아야 한다. 대인관계를 성공시키려면 상대방을 진정한 인간, 훌륭한 인격체로서 인정해 주어야 한다.

J. C. 스탈은 많은 자료들을 분석한 결과, 종업원들의 불만의 원인이 다음과 같은 것들이라는 사실을 발견했다.

❶ 자기의 제안을 진정으로 받아들이지 않는다.
❷ 자기의 괴로운 처지를 이해해주지 않는다.

❸ 자기를 격려해주지 않는다.

❹ 여러 사람들 앞에서 자기를 비난한다.

❺ 자기에게 의견을 물어보지 않는다.

❻ 자기에게 일의 진척 상황을 알려주지 않는다.

❼ 편파적이다.

7가지 항목 중 어떤 것도 종업원의 중요성을 인식하고 있지 못하다는 사실에 주의하라.

제안을 진정으로 받아들이지 않는 것은 '네 말은 들을 가치가 없다.'라고 말하는 것과 마찬가지이고, 괴로운 처지를 이해해주지 않는 것은 '너는 있으나마나 한 존재다.'라고 말하는 것과 같다.

그러고서도 당신은 훌륭한 리더라고 자부할 수 있겠는가?

C 상대방을 사로잡는 커뮤니케이션 테크닉

: 화제에 적절한 시간을 배분하라

말하기의 목적은 빨리 말하는 것이 아니라 제대로 전달하는 것이다. 그러므로 말하기를 할 때에는 시간에 맞춰 화제를 선택해야 한다. 시간을 고려하지 않은 화제는 비약이나 과장을 낳고 사람들은 엉터리 이야기에 설득당하지 않기 때문이다.

조급함을 드러내면 낭패를 겪는다

지나치게 초조해하는 것은 자기 자신을 믿고 있지 않다는 사실을
스스로 폭로하는 것과 다름없다.

남에게 인정을 받기 위하여 눈물겹도록 애쓰는 사람이 있다. 일방
적으로 상대방의 우정을 불러일으키기 위해서 갈팡질팡하고 있는
것이다. 그러나 이런 태도를 취하는 사람 중에 잘 나가는 사람은 거
의 없다고 해도 과언이 아니다.

결혼 같은 인생의 중대사를 대하는 태도 역시 마찬가지다. 간혹 상
대방의 의중은 제대로 파악하지도 못한 채 너무 성급하게 결혼문제
를 입에 올렸다가 일을 그르치는 사람들도 있다. 남자건 여자건 이런
경우 대체로 외모나 조건 면에서 여러 가지 장점을 지니고 있다. 아
마도 지나치게 서두르지만 않았으면, 그들은 자신이 바라는 상대와
어렵지 않게 결혼에 성공할 수 있었을 것이다.

어떤 일에 대한 기대가 아무리 크다 해도 그 욕망을 노골적으로 드

리내면 결국은 낭패를 겪고 마는 경우가 종종 있다.

대인관계에서는 어떤 경우든 상대방에게 자기가 바라는 바를 허겁지겁 구하고 있다는 느낌을 주어서는 안 된다. 사람들은 대부분 너무 서두르는 상대에 대해서는 꽁무니를 뺀다든지, 무의식적으로 그 가치를 낮게 평가한다든지, 혹시 함정이 있는 것은 아닌지 하는 의혹을 갖게 되기 때문이다.

우정을 구걸하며 돌아다니는 사람은 우정과는 인연이 없다. 이것은 심리학의 한 법칙이다. 허겁지겁 서두르는 것은 상대방이 자기를 좋아하지 않을까 봐, 상대방이 자기가 바라는 것을 주지 않을까 봐 몹시 두려워하고 있다는 증거이다. 또한 지나치게 초조해하는 것은 자기 자신을 믿고 있지 않다는 사실을 스스로 폭로하는 것과 다름없다. 그러므로 상대방으로부터 호감을 얻으려면 조급하게 행동해서는 안 된다. 여유롭고 편안한 기분으로, 상대방이 우호적이고 사리를 잘 분간하는 사람이라고 생각하라. 원만한 대인관계란 상대방을 압박하지 않는 데서 시작된다.

C 상대방을 사로잡는 커뮤니케이션 테크닉

: 진심으로 존중하라

상대방을 설득하거나 따르게 하려면 강압적으로 명령을 하거나 추궁하지 말고 그의 존재 가치를 높여라. 사탕발림 말을 구구절절 늘어놓거나 명령을 하지 않아도 상대를 진심으로 존중하고 가치를 알아주면 누구든 자발적으로 당신을 따를 것이다.

• 성공 화술을 만드는 준비 방법 •

• 경험에서 우러나온 자신의 사상, 아이디어, 신념을 정리한다

참된 준비란 많은 정보를 모으는 것이 아니라 자신이 말하고자 하는 바에 대해 생각을 가다듬는 것을 의미한다. 자신이 얘기하고자 하는 내용을 스스로 충분히 숙지하지도 못한 상태에서 상대방을 설득시킨다는 것은 어불성설이다.

• 떠오르는 생각들을 모두 메모한다

생각을 메모해두면 말하고자 하는 내용을 정리할 때 용이하다. 이때 메모는 간단하게 요약해도 충분하다.

• 예행연습을 한다

생각이 어느 정도 정리되었다 하더라도 한 번 실천해보는 것이 좋다. 무엇보다 상대방은 시험을 당하고 있는지 모르기 때문에 솔직한 의견을 들을 수 있다.

• 상대방의 반응을 세밀하게 관찰한다

당신의 이야기를 듣고 상대방이 시큰둥한지, 흥미롭게 생각하는지를 관찰해두면 생각을 수정·보완할 때 도움이 된다.

• 자신이 말하고자 하는 테마에 관심이 있는 친구를 찾아서 구상한 것을 얘기한다

상대방은 그 테마에 흥미를 느끼고 있는 사람이기 때문에 신중하게 이야기를 들어줄 것이며, 자신이 미처 깨닫지 못한 견해나 이야기의 내용, 적절한 형식 등을 조언해줄 것이다.

PART 3

사람을 설득하는 기술

Total 66 Kinds of Communication Techniques

오해는 논쟁으로 해결되지 않는다

**이론적인 투쟁의 화려한 승리를 얻는 것이 좋은가, 아니면 상대의 호의를
획득하는 편이 좋은가. 이 두 가지는 좀처럼 양립하지 않는다.**

시비가 생기면 사람들은 거의 예외 없이 서로 자기가 옳음을 확신
시키고 끝나버리는 것이 통례이다.

이런 식의 싸움에서 이긴다는 것은 불가능하다. 만약 지게 되면 진
것이고, 비록 이겼다고 하더라도, 그 결과는 어떻게 되는가? 때려눕
힌 쪽은 의기양양하겠지만, 공격을 당한 쪽은 자존심이 상하여 분개
할 것이 틀림없다.

'인간은 억지로 설득은 당해도 수긍은 하지 않는다.'

참다운 판매원의 자격은 시비곡직을 따지는 데 있지 않다. 시비의
'시' 자도 소용이 없다. 사람의 마음은 시비를 따져서는 바꿀 수가 없
기 때문이다.

벤저민 프랭클린은 다음과 같이 말한다.

"시비를 하거나 반박을 하면서 상대를 이길 수도 있다. 그러나 그것은 헛된 승리이다. 이런 식으로 상대의 호의는 절대로 얻어낼 수가 없기 때문이다."

생각해보라. 이론적인 투쟁의 화려한 승리를 얻는 것이 좋은가, 아니면 상대의 호의를 획득하는 편이 좋은가. 이 두 가지는 좀처럼 양립하지 않는다.

아무리 올바른 시비를 한들 상대의 마음은 변치 않는다. 그것은 올바르지 않은 시비를 하는 것과 하등 다를 바가 없다.

시비곡직을 가리는 데 목숨 걸지 마라

나폴레옹의 집사인 콘스탄트는 황후 조세핀과 자주 당구를 쳤다. 그가 쓴 《나폴레옹의 사생활 회고록》에는 다음과 같은 내용이 있다.

"나의 당구 솜씨는 상당한 것이었으나 황후에게는 항상 양보하였다. 그것이 황후한테는 매우 기뻤던 모양이다."

이 고백은 귀중한 교훈을 내포하고 있다. 손님이나 애인 혹은 남편이나 아내와 말다툼을 하는 일이 있을 경우, 승리를 상대에게 양보하는 것이 좋다.

석가모니는 이렇게 말했다.

"미움은 미움으로써는 영원히 사라지지 않는다. 사랑을 가져야 비로소 사라진다."

오해는 논쟁으로는 결코 해결되지 않는다. 임기응변, 외교, 위로 그리고 상대의 입장에서 동정적으로 생각하는 친절을 보여주어야 비로소 해결이 된다.

링컨은 동료와 싸움질만 하고 있는 청년 장교를 이렇게 나무란 적이 있다.

"자기의 향상을 염두에 두고 있는 사람은 시비 같은 것을 하고 있을 여지가 없다. 더구나 시비의 결과는 마음이 불쾌해지거나 자제심을 잃어버리든가 할 뿐 아닌가? 이쪽에 5퍼센트의 타당성이 있을 경우에는 아무리 중대한 일이라도 상대에게 양보해야 한다. 이쪽이 100퍼센트 옳다고 생각될 경우에도 사소한 일 같으면 양보하는 것이 좋다. 골목에서 개를 만나면 권리를 주장해서 물리치기보다는 개에게 길을 양보하는 것이 현명한 것처럼, 비록 개를 죽였다손 치더라도 상처는 쉽게 낫지 않는다."

C 상대방을 사로잡는 커뮤니케이션 테크닉

: 누구나 궁금해 하는 화제를 선택한다

특정인들만 궁금해 하는 화제, 생소한 화제를 꺼내면 상대방의 경계심을 무너뜨릴 수 없다. 한창 화제가 되고 있는 이야기, 여행 경험담 등 누구나 궁금해 할 수 있는 화제를 꺼내야 공감대를 형성할 수 있다.

잘못을 노골적으로 지적하지 않는다

가르치지 않는 척하면서도 상대를 가르치고, 상대가 모르는 일은
그가 잊었을 것이라고 말해준다. 이것이 설득의 첫 번째 비결이다.

시어도어 루스벨트가 대통령이 되었을 때 일이다. 그는 자기가 생각하는 일의 100가지 중에서 77가지만 옳으면 더 바랄 것이 없다고 다른 사람에게 말하곤 했다.

20세기의 위인이 이렇다고 한다면 우리들 평범한 사람은 도대체 어느 정도일까.

자기가 생각하는 일이 55퍼센트까지 옳다는 확신이 있다면 그가 무슨 일을 하든지 남들이 뭐라 할 것이 못된다. 그러나 이 정도 확신이 없다고 한다면 남의 잘못을 지적할 자격은 이미 상실한 것이나 다름없다.

도대체 우리는 무엇 때문에 상대의 잘못을 지적하는가? 상대의 동의를 얻기 위하여? 천만의 말씀이다. 상대는 그 한마디에 자기의 지

능, 판단력, 자부심까지도 깡그리 무시당하고 있는 것이다. 잘못을 인정할 까닭이 없다. 아무리 플라톤이나 칸트의 논리를 적용하여도 상대의 의견은 변하지 않는다. 상처를 입은 것은 논리가 아니고 감정이기 때문이다.

"그럼 당신이 왜 틀렸는지 그 이유를 설명하겠소."

이런 설명 따위는 서로에게 백해무익하다. 이것은 이렇게 말하는 것과 같다.

"나는 당신보다 머리가 좋다. 그러니 당신의 생각을 고쳐주겠다."

그야말로 도전이다.

쓸데없는 말 한마디로 상대에게 반항심을 불러일으켜 전투 준비를 시키는 것하고 뭐가 다른가. 타인의 생각을 고치게 하는 것은 어려운 일이다. 그런데 왜 조건을 악화시키는가. 스스로 손발을 묶어놓은 것과 다름이 없지 않은가.

설득의 첫 번째 비결

사람을 설득하고 싶으면 상대가 눈치 채지 않도록 교묘하게 해야 한다. 가르치지 않는 척하면서도 상대를 가르치고, 상대가 모르는 일은 그가 잊었을 것이라고 말해준다. 이것이 상대를 잘 설득하는 첫 번째 비결이다.

소크라테스는 제자들에게 다음과 같이 말하였다.

"나는 오직 한 가지밖에 모른다. 그것은 나는 아무것도 모른다는 것이다."

내가 아무리 잘났다 하더라도 소크라테스보다 현명할 리 없다. 그러므로 상대가 틀렸다고 생각될 때에는, 다음과 같이 서두를 꺼내는 것이 좋다.

"솔직히 나는 그렇게 생각하고 있지 않았습니다만, 내가 틀렸을 수도 있겠죠. 잘못된 게 있다면 고치고 싶습니다. 다시 잘 생각해봅시다."

'아마 나의 잘못일 겁니다. 나는 자주 틀립니다. 다시 잘 생각해봅시다.'라는 문구는 이상하리만큼 효력이 있다. 이에 대해서 반대하는 사람은 결코 없을 것이다.

"아마 그것은 나의 잘못일 것입니다."

이렇게 말하면 귀찮은 일이 생겨날 염려는 절대로 없다. 오히려 그것으로 시비가 종결되고 상대 역시 이쪽에 관대하고 공정한 태도를 취하고 싶어질 것이며, 자기가 틀렸을지도 모른다고 반성하게 될 것이다.

이치대로만 움직이는 인간은 좀처럼 드물다.

대개의 사람들은 선입견, 질투, 시기심, 공포감, 뒤틀린 마음, 자부심 등에 침식당하고 있다.

그리고 자기들의 사상, 종교나 머리 스타일, 또는 어떤 연예인이 좋다든가 싫다든가 하는 생각을 좀처럼 바꾸려 하지 않는다. 만약 남의 잘못을 지적하고 싶다면 다음의 문장을 읽고 난 다음에 하는 것이 좋을 것이다.

신념이 흔들리면 분개한다

우리들은 그다지 심한 저항을 느끼지 않고 자신의 사고방식을 바꾸는 경우가 종종 있다. 그런데 남에게 잘못을 지적당하면 화를 내고 고집을 부린다. 우리들은 여러 가지 동기에서 여러 가지 신념을 갖게 된다. 그러나 누군가가 그걸 바꾸려고 하면 누구나 고집스럽게 반대한다. 이 경우 우리가 중시하고 있는 것은 분명 신념 그 자체는 아니며, 위기에 처한 자존심이다.

'나의'라는 단순한 말이 실은 이 세상에서는 가장 중요한 말이다. 나의 식사, 나의 개, 나의 집, 나의 아버지, 나의 조국, 나의 하나님…. 그 아래 무엇이 이어지든지 '나의'라는 말에는 같은 강도의 의미가 담겨져 있다. 우리들은 자기의 것이라면 시계든 자동차든 혹은 천문 · 지리 · 역사 · 의학 등의 지식이든 뭐든 그것에 대해 욕을 먹게 되면 한결같이 화를 낸다.

우리들은 진실이라고 믿어온 것을 언제까지나 믿고 싶어 한다. 그 신념을 흔들어놓는 것이 나타나면 분개한다. 그리고 어떻게든지 구실을 만들어 처음의 신념을 물고 늘어지려고 한다.

결국 논쟁이란 자기의 신념을 고집하기 위한 과정에 지나지 않는 경우가 많다.

여기에서 언급한 사항은 결코 기발한 얘기가 아니다. 2천 년 전에 예수는 이렇게 가르쳤다.

"속히 그대의 적과 화해하라."

상대가 누구든 시비를 해서는 안 된다. 잘못을 지적하여 화를 돋궈 봤자 피차 피곤할 따름이다.

기원전 2200년에 이집트 왕 아크토이도 그의 왕자에게 이렇게 가르쳤다.

"남을 납득시키려면 외교적인 사람이 되어라."

C 상대방을 사로잡는 커뮤니케이션 테크닉

: 논쟁은 답이 없다

'인간은 억지로 설득은 당해도 수긍은 하지 않는다.'라는 말이 있듯 논쟁은 답이 나오지 않는 쓸데없는 짓이다. 그러므로 자신의 의견이 옳다고 해도 사소한 것은 상대에게 양보하라. 아무리 올바른 논쟁을 한다 해도 상대방의 마음을 바꾸기란 쉽지 않다. 시시비비를 가리는 사소한 논쟁에서 이기는 방법은 바로 지는 것이다.

자기의 **잘못을 시인**한다

자기의 잘못을 알았으면 상대가 비난하기 전에 스스로 자기를 꾸짖는 편이 낫다.
타인의 비난보다는 스스로의 비판이 훨씬 마음 편할 것이기 때문이다.

자기의 잘못을 알았으면 상대가 비난하기 전에 스스로가 자기를 꾸짖는 편이 훨씬 낫다. 타인의 비난보다는 스스로의 비판이 훨씬 마음 편할 것이기 때문이다. 아울러 그렇게 하면 상대는 할 말이 없어진다. 십중팔구 상대방은 관대해지고 이쪽의 잘못을 용서하는 태도로 나오게 될 것이다.

상업 미술가 페르디난트 E. 워렌도 이 방법을 사용해서 성미가 까다로운 고객의 환심을 산 일이 있다.

"광고나 출판용 그림은 면밀하고 정확한 것이 중요하다."

워렌의 이야기는 이렇게 시작된다.

C 미술 편집부에서 일하는 사람들은 주문한 일을 무턱대고 독촉하

는 경우가 있다. 하지만 그런 경우에는 사소한 잘못이 생기게 마련이다. 내가 알고 있는 미술감독 중에는 항상 사소한 잘못을 찾아내 기뻐하는 사람이 있었다.

나는 이 사람의 비평 내용이 아니라 비평 방법이 비위에 거슬렸다. 최근에 나는 서둘러 한 일을 그에게 전달한 일이 있었다. 얼마 후에 자기 사무실로 빨리 오라는 전화가 걸려왔다. 골칫거리가 생겼다는 것이다. 예상한 대로 그는 잔뜩 상을 찌푸리며 나를 보자마자 마구 혹평을 가하기 시작했다. 마침내 독설을 퍼부을 상대를 만난 것이다.

"당신 말이 사실이라면 이쪽이 잘못한 게 틀림없습니다. 뭐라고 할 말이 없습니다. 당신 일을 여러 해 동안 했으면서도 이런 실수를 저질러 참으로 부끄러울 따름입니다."

내가 순순히 시인하자 그는 당장에 태도를 바꾸었다.

"그건 그렇지만 뭐, 그 정도는 괜찮아요. 조금 안 좋기는 하지만."

"어떤 잘못이라도 잘못은 잘못입니다."

그는 또 뭐라고 말을 하려 했으나 나는 여유를 주지 않았다. 나는 마음속으로 매우 유쾌했다. 자아비판은 난생 처음 해보는 일이었으나, 해보니 여간 흥미가 있는 것이 아니었다.

나는 계속해서 말을 이었다.

"좀 더 신중을 기했어야 했는데, 지금까지 당신에게 많은 도움을 얻고 있는 처지 아닙니까. 처음부터 다시 시작해야겠습니다."

"그렇게까지 수고를 끼칠 생각은 없어요."

그는 한층 민망해하는 얼굴로 조금만 고쳐주면 좋겠다고 말하였다. 내가 저지른 잘못으로 손해가 생긴 것도 아니고, 사소한 문제이니 그렇게 속을 태울 건 없다고 했다.

이렇게 내가 줄곧 자아비판을 하자 상대방은 콧대가 꺾이고 말았다. 내가 그에게 점심식사 대접을 하는 것으로 이 사건은 끝났다. 헤어지기 전에 그는 수표와 함께 다른 일거리를 맡겼다.

지는 것이 이기는 것

어떤 바보라도 잘못의 핑계쯤은 댈 수가 있다. 사실 바보는 대개 그런 짓거리를 곧잘 한다. 자기의 과실을 인정하는 것은 상대의 가치를 올리고 스스로도 솔직해질 수 있는 방법이다.

이런 식으로 자기를 낮추면 대개의 경우 아무 말도 할 수가 없게 된다.

자기가 옳다는 것을 주장하고 싶다면 상대를 친절하고 교묘하게 설득해보라. 또 자기가 잘못하고 있을 때는 조속히 잘못을 시인하도록 하라. 그러면 예상 밖의 효과가 있을 것이다.

구차한 변명보다는 그렇게 하는 편이 훨씬 유쾌한 결과를 가져올 수 있다. 속담에도 "지는 것이 이기는 것이다."라고 하지 않던가.

열린 마음으로 친절하게 말한다

만약 상대를 자기의 의견에 따르게 하고 싶으면,
우선 자신이 그의 편이라는 것을 알게 해야 한다.

화가 났을 때 상대방을 마음껏 공격하고 나면 가슴이 후련해질 것이다. 그러나 공격을 당한 쪽은 어떨까? 실컷 호되게 당하고 나서도 이쪽의 마음대로 움직여줄까?

미국의 우드로 윌슨 대통령은 다음과 같이 말했다.

"만약 상대가 주먹을 움켜쥐고 들이닥치면 이쪽도 지지 않고 주먹을 움켜쥐고 맞선다. 그러나 상대가 '앞으로 주의합시다. 그러나 만약에 의견의 상이점이 있으면 그 이유나 문제점을 밝혀봅시다.'라고 조용하게 말하면, 의견의 차이는 생각한 것보다 심하지 않을 것이고 서로의 인내와 솔직함과 선의로 해결할 수 있을 것이다."

이 말을 누구보다도 잘 이해하고 있었던 사람은 존 D. 록펠러 2세였다.

1925년, 록펠러는 콜로라도 민중들로부터 몹시 미움을 사고 있었던 처지였다.

미국 산업사상 유례없는 대파업 사태가 2년에 걸쳐서 콜로라도 주를 온통 뒤흔들어놓았다.

임금 인상을 요구하고 있던 록펠러 회사의 종업원들은 극도로 신경이 날카로워져 있었다.

회사 건물이 파괴되는가 하면, 군대가 출동해서 마침내는 발포와 유혈 사태가 벌어졌다.

이와 같은 난리 속에서 록펠러는 어떻게든 상대방을 설득하길 원했다. 그리고 결국은 그 일을 훌륭하게 해냈다.

그는 오랜 시간 화해의 시나리오를 짠 다음 노동자 대표들을 모아놓고 연설을 했다.

이때의 연설은 뜻밖의 성과를 거두었다.

록펠러의 연설이 끝나자 노동자들은 그토록 아우성을 치며 주장하던 임금 인상에 대해서는 아무 말도 하지 않고 각자의 직장으로 복귀하였던 것이다.

록펠러는 바로 조금 전까지 그를 목매달아도 시원치 않다고 생각하던 사람들을 상대로 지극히 우호적인 어조로 조용하게 말을 시작했다.

자선단체에 대해서 얘기를 한다고 해도 이처럼 조용할 수는 없을 것 같은 태도였다.

"오늘은 나의 생애에서 특히 기념할 만한 날입니다. 회사의 종업원 대표 및 간부 사원 여러분을 만나볼 수 있는 기회를 얻었다는 것이 내게 있어서는 일찍이 없었던 행운이라 생각합니다. 그리고 나는 이 자리에 나오게 된 것을 매우 자랑으로 생각합니다. 이 회합은 오래도록 언제까지나 나의 기억에 남으리라고 확신합니다. 만약 이 회합을 2주일 전에 가졌었다면 아마 나는 극히 소수의 분들을 제외하고는 대부분의 사람들과는 인사도 못했으리라 생각합니다. 나는 지난주에 남광구를 방문하여 부재중이었던 분을 제외하고는 거의 모든 대표자 여러분과 개별적으로 이야기를 나누고, 또 여러분의 가정을 방문하여 가족들도 만나 뵈었습니다. 그러므로 우리들은 이제 더이상 서로가 알지 못하는 타인은 아닙니다. 즉, 친구로서 만나고 있는 것입니다. 이러한 우리들 상호의 우정에 입각하여 우리들의 공통의 이해에 대해서 여러분과 이야기를 나누고자 합니다. 이 회합은 회사의 간부사원들과 종업원 대표 여러분들께서 이끈 것으로 알고 있습니다. 간부사원도 아니고 종업원 대표도 아닌 내가 오늘 이 자리에 나오게 된 것은 오로지 여러분들의 호의에서 이루어진 것으로 생각합니다. 나는 간부사원도 종업원 대표도 아닙니다만, 그러나 주주와 중역의 대표자라는 의미에서 여러분과 밀접한 관계가 있다고 생각합니다."

이야말로 적을 자기편으로 만드는 훌륭한 본보기라 하지 않을 수 없다.

만약 록펠러가 잘못은 노동자 측에 있다고 우격다짐으로 주장한 다든가, 혹은 그들의 잘못을 이론적으로 증명하려고 했다면 어떻게 되었을까? 그야말로 불에 기름을 붓는 결과가 되었을 것이다.

힘의 대결보다 훨씬 효과적인 교훈

상대의 심정이 반항이나 증오에 가득 차 있을 경우에는 아무리 이론을 들먹여도 설득할 수 없다. 아이들을 나무라는 부모, 권력을 행사하는 고용주나 남편, 바가지가 심한 아내 등, 사람들은 너나 할 것 없이 웬만해선 자기의 마음을 바꾸기를 싫어한다는 것을 분명히 알아야 한다.

사람들을 강제로 자기의 의견에 좇게 할 수는 없다. 그러나 부드럽고 친절한 태도로 얘기를 주고받으면 얼음처럼 단단한 마음도 녹일 수가 있다.

"1갤런의 쓴 국물보다도 한 방울의 벌꿀을 사용하는 것이 더 많은 파리를 잡을 수 있다.'라는 속담은 어디에나 통하는 말이다. 만약 상대를 자기의 의견에 따르게 하고 싶으면, 우선 자신이 그의 편이라는 것을 알게 해야 한다. 이야말로 사람의 마음을 포착하는 한 방울의 벌꿀이며, 상대의 이성에 호소하는 최선의 방법이다."

링컨의 말이다.

《이솝우화》에 태양과 북풍이 힘 자랑을 하는 이야기가 있다.

C 북풍이 태양에게 이렇게 으스댔다.

"내가 강한 것은 보나마나지. 저기 코트를 입고 가는 노인이 보이지? 내가 자네보다 먼저 저 노인에게서 코트를 벗겨볼 테니, 두고 봐라."

태양은 잠시 구름 뒤에 숨었다. 북풍은 기세 좋게 불어댔다. 그러나 북풍이 세차게 불어오면 올수록 노인은 더욱 코트자락을 쥐고 몸을 감쌌다. 북풍은 마침내 기진맥진하여 바람을 그치고 말았다. 이번에는 태양이 구름 사이에서 얼굴을 내밀고 방글방글 웃기 시작했다. 곧 노인은 이마의 땀을 닦고 코트를 벗었다.

태양의 부드럽고 친절한 방법은 힘으로 대결하는 방법보다도 훨씬 효과가 있다는 교훈을 보여주는 우화이다.

C 상대방을 사로잡는 커뮤니케이션 테크닉

: 웃음의 역효과

모든 웃음이 효과적인 것은 아니다. 마음에도 없는 미소는 오히려 상대방의 화를 돋우고 적대감을 심어준다. 상대방의 마음을 움직이게 하는 미소는 마음속에서 우러나오는 미소를 말한다. 그러기 위해서는 우선 자신이 즐거워야 한다. 자신은 하나도 행복하지 않은데 다른 사람을 행복하게 만드는 미소를 보낸다는 것은 어불성설이다.

'네'라고 대답할 수 있는 **문제를 선택**한다

상대에게 처음부터 '아니오'라고 말하게 하지 말라.
그것을 '네'로 바꾸어놓는 데에는 상당한 지혜와 인내가 필요하다.

상대와 이야기를 할 때 처음부터 서로가 의견이 충돌되는 문제를 끄집어내어서는 안 된다.

우선 서로의 의견이 일치하고 있는 문제부터 시작하여 그것을 항상 강조하면서 이야기를 진행한다.

서로가 동일한 목적을 중심으로 노력을 하고 있다는 것을 상대에게 이해시키도록 하고, 차이점은 다만 그 방법에 있다는 것을 강조해야 한다.

처음에는 상대에게 '네'라고 대답 할 수 있는 문제만을 채택해서 말하도록 하고, 될 수 있는 대로 '아니오'라고 말하지 않게끔 유도 하여야 한다.

오버스트리트 교수는 다음과 같이 말하고 있다.

"상대에게 일단 '아니오'라고 말하게 만들어버리면 그것을 '네'로 만드는 것은 여간 어려운 일이 아니다. '아니오'라고 말한 이상 그것을 번복하는 것은 자존심이 허락치 않는다. '아니오'라고 말해 버리고 후회할 경우도 있을지 모르지만, 비록 그렇게 되더라도 자존심을 상하게 할 수는 없다. 말을 꺼낸 이상 어디까지나 그것을 고집한다. 그러니까 처음부터 '네'라고 말하게 하는 방향으로 이야기를 몰고 가는 것이 매우 중요하다."

화술에 능한 사람은 우선 상대에게 몇 번이나 '네'라고 말하도록 만들어놓는다. 그러면 상대의 심리는 긍정적인 방향으로 움직이기 시작한다.

마치 굴러가는 당구공의 방향을 바꾸려면 상당한 힘이 필요하고, 반대 방향으로 되돌아가게 하려면 훨씬 더 많은 힘이 드는 것과 같은 이치이다.

이러한 심리의 움직임은 단순히 입뿐만 아니라, 동시에 온갖 행동으로 표현이 된다. 즉, 신체의 각종 분비선이나, 신경, 근육 따위의 모든 조직이 일제히 거부 태세를 굳히게 되는 것이다. 그리고 뚜렷이 알 수 있을 정도의 커다란 동작으로 나타나기도 한다.

말하자면 신체의 모든 조직이 거부 태세를 취하게 된다. 그런데 '네'라고 말하는 경우에는 이러한 현상이 전혀 일어나지 않는다. 오히려 무엇인가를 받아들이고자 하는 태세를 갖춘다. 그러므로 처음에 '네'라는 말을 많이 하게 하면 할수록 상대를 이쪽이 생각하는 방향으로 끌고 가는 것이 용이하다.

부드러움이 강한 것을 꺾는다

다른 사람에게 '네'라고 말하게끔 하는 기술은 극히 간단하다. 그런데 이 간단한 기술이 별로 이용되지 않고 있다. 그만큼 사람들이 설득에 대해서 막연한 두려움을 갖고 있다는 얘기다. 물론 개중에는 아예 처음부터 반대하는 것으로 자기의 중요성을 강조하려는 사람들이 더러 있다.

급진파가 보수파와 이야기를 나누게 되면 즉각 상대를 노하게 만든다. 도대체 그래서 무슨 소용이 있단 말인가? 단순히 일종의 쾌감을 맛보기 위한 것이라면 그것으로 좋을지도 모른다. 그러나 그 어떤 성과를 기대하고 있다면, 그런 사람은 인간의 심리에 관한 한 바보천치이다.

상대에게 처음부터 '아니오'라고 말하게 해버리면 그것을 '네'로 바꾸는 데에는 상당한 지혜와 인내가 필요하다.

인류의 사상에 일대 변혁을 가져다준 아테네의 철학자 소크라테스는 사람을 설득하는 요령에 관한 한 고금을 통해서 제1인자로 통한다.

그는 상대의 잘못을 지적하는 짓은 결코 하지 않았다. 소위 '소크라테스식 문답법'으로 상대로부터 '네'라고 답을 이끌어냈다.

우선 상대방이 '네'라고 말하지 않을 수 없는 질문을 한다. 다음의 질문도 역시 '네'라고 말하게 하고 계속해서 '네'를 거듭 되풀이해서 말하게 한다.

상대가 그것을 깨달았을 때는 최초에 부정했던 문제에 대해 어느새 '네'라고 대답해버린 뒤이다.

상대의 잘못을 지적하고 싶으면 먼저 소크라테스의 얘기를 떠올려보고 상대방에게 '네'라고 말하게끔 유도해보라.

우리 격언에도 이런 말이 있다.

"부드러움이 능히 강한 것을 꺾는다."

5천 년의 역사를 가진 민족에게 어울리는 명언이 아닌가.

C 상대방을 사로잡는 커뮤니케이션 테크닉

: 논리적인 사람이 되어라

상대를 논리적으로 대하면 장황하게 설명하고 설득하려 들지 않아도 마음이 움직이게 되어 있다. 비논리적인 사람은 유능한 리더가 될 수 없다. 어설픈 논리나 생각으로는 많은 사람을 설득하고 다룰 수 없기 때문이다. 논리적인 사람이 되는 것은, 곧 사람들의 마음을 사로잡는 강력한 무기를 얻는 것이다.

스스로 구상하게 한다

**타인으로부터 어떤 일을 하도록 강요당하는 느낌은 누구에게도 싫은 일이다.
그보다 사람들은 자주적으로 행동하는 것, 남이 의견을 들어주는 것을 기뻐한다.**

사람은 누구나 타인으로부터 강요된 의견보다는 자기 스스로 구상한 의견을 훨씬 중요하게 여긴다. 그렇다면 남에게 자기의 의견을 강요하려는 것은 당초부터 잘못된 얘기라고 할 수 있다.

따라서 힌트만 주고 결론은 상대가 내리게 하는 것이 훨씬 현명한 방법이다.

시어도어 루스벨트는 뉴욕 주지사를 하고 있을 무렵에 놀라운 곡예를 연출해 보인 일이 있다. 그는 정치권의 각 보스들과 친밀하게 지내면서 그들이 반대하고 있는 정책 개혁을 강행했다.

여기엔 어떤 비밀이 있을까?

중요한 직위를 보충할 때는 대표급 인사들을 초청하여 그들로 하여금 후보자를 추천토록 했다.

루스벨트는 그것을 다음과 같이 설명하고 있다.

C 대개 보스들이 처음 추천하는 인물들은 자기의 정당에서 뒤를 돌봐주어야 할 그런 대단치도 않은 인물들이다. 나는 그러한 인물은 시민들이 수긍하지 않으니까 안 될 것이라고 일러준다. 그들이 다음에 추천하는 인물은 기껏해야 자기 정당의 끄나풀로서 아무런 장점도 단점도 없는 그러한 고참 관리에 불과하다. 나는 보스들에게 좀 더 시민들이 납득을 할 수 있는 적임자를 물색해서 천거해달라고 부탁한다. 세 번째도 역시 적격자는 아니다. 나는 보스들에게 한 번만 더 생각해봐달라고 부탁한다. 그러면 네 번째는 비로소 나의 심중의 사람과 일치한다. 그제서야 나는 그들에게 감사를 표하고 그 사람을 임명한다. 말하자면 보스들에게 꽃다발을 안겨주는 셈이다. 마지막으로 나는 그들을 향해서 말한다.

"당신들에게 기쁨을 안겨 주기 위해서 이 인물을 임명합니다마는 다음은 여러분들이 나를 기쁘게 해 주어야 할 차례가 되겠습니다."

사실 그들은 루스벨트를 기쁘게 해주었다. 요컨대 루스벨트는 상대방과 교섭하면서 될 수 있는 대로 그쪽 의견을 받아들여, 그것이 자기의 발언이라고 생각하도록 만들어놓고 협력을 구하는 식으로 일을 처리했던 것이다.

제품의 구매는 강요에 의해서는 이루어지지 않는다

어느 X선 장치 제조업자는 이와 같은 심리를 응용하여 브루클린의 병원에 자기 회사의 제품을 팔아넘겼다. 이 병원은 증축 중이었는데, 미국에서 제일가는 X선과를 창설하려는 계획이 있었다. 업자들이 저마다 자사 제품에 대한 안내서를 들이밀며 물건을 사줄 것을 조르는 바람에 X선과 담당인 Y박사는 그야말로 골머리를 앓고 있었다.

그중에 한 업자는 다른 업자들과 비교가 되지 않을 만큼 교묘하게 사람의 심리를 포착하였다. 그는 다음과 같은 편지를 L박사에게 보냈다.

C 우리 회사에서는 최근 X선 장치의 최신 모델을 완성하였습니다. 마침 지금 첫 번째 제품이 사무소에 도착하였습니다. 물론 이번의 제품이 완전한 것이라고는 결코 생각하지 않습니다. 우리는 더 한층 좋은 제품을 만들기 위해 노력하고 있습니다. 그리하여 한번 박사님의 검사를 받고 조언을 들을 수 있다면 더없는 영광으로 생각하겠습니다. 허락의 회답을 주시면 저희 제품을 보내드리도록 하겠습니다.

L박사는 이때의 이야기를 다음과 같이 회상했다.

"이 편지는 뜻밖이었다. 의외인 동시에 기쁘기도 하였다. 나는 그때까지 X선 장치 제조업자로부터 조언을 요구받은 일은 한 번도 없었다. 이 편지는 내게 중요감을 주었다. 그 주에는 매일 약속이 있었으나, 그 장치를 검사하기 위해서 약속 하나를 취소했다. 그 장치는 보면 볼수록 나의 마음에 들었다. 나는 그 제품의 구매를 강요당한 것이 아니다. 병원을 위해서 그 장치를 사고자 하는 자발적인 나의 뜻으로 산 것이다. 나는 그 장치의 우수함에 반해서 그 즉시 계약을 맺었다."

신뢰의 획득은 사소한 것에서 이루어진다

우드로 윌슨 대통령이 대통령 재임중에 에드워드 W. 하우드 대령은 국내 및 외교의 문제에 있어서 막강한 영향력을 행사하였다. 윌슨은 중대 문제의 토론 상대로서 하우드 대령을 각료 이상으로 신뢰하고 있었다.

그렇다면 대령은 어떠한 방법으로 대통령의 신뢰를 획득할 수가 있었는가?

"대통령을 알게 된 후부터 그를 어떤 방면으로 유도하기 위해서는, 그것을 슬쩍 아무것도 아닌 것처럼 그의 마음에 새기게 하여 관심을 갖도록 하는 것이 가장 좋은 방법이라는 것을 알게 되었다. 말하자면 그가 자주적으로 그것을 생각하게 된 것처럼 꾸미는 것이다. 처음에 나는 엉뚱한 일로 이 사실을 알게 되었다. 어느 날 대통령을 방문하여 어떤 문제에 대해서 논의를 하였다. 그는 반대하는 입장을 취하는 것 같았다. 그런데 얼마 후 만찬석상에서 그가 발표한 의견은 앞서 내가 그에게 이야기한 것과 똑같았다. 그때 나는 놀라지 않을 수 없었다."

그때 하우드 대령은 '그것은 대통령의 의견이 아니지 않습니까? 본래 저의 의견이었습니다.'라고 반박을 했는가? 물론 대령은 결코 그렇게 말하지 않았다. 연기가 한 수 위였다.

대령은 명분보다도 실리를 추구했다. 대령은 그 의견은 어디까지나 대통령의 것이라는 것과 그리고 대통령 자신에게도, 또한 다른 사람에게도 그렇게 생각하도록 해주었다. 대통령에게 꽃을 안겨준 셈이다.

우리들의 교섭 상대는 모두 이 이야기의 윌슨 대통령과 같은 인간이라는 것을 염두에 둘 필요가 있다.

C 상대방을 사로잡는 커뮤니케이션 테크닉

: 끝맺는 말은 상대의 마음을 사로잡는 결정적인 역할을 한다

장시간 연설을 하다보면 이야기의 폭이 넓어져 전달하고자 하는 말의 요점이 흐려지는 경우가 있다. 따라서 끝마무리를 할 때 반드시 다시 한 번 요점을 강조해줘야 한다. 아무리 이야기를 잘 했다 하더라도 끝맺음이 흐지부지하면 상대방의 마음에 강하게 호소할 수 없다. 끝맺는 말에 모든 이야기를 아우르는 핵심을 담아 이야기해야 청중은 다시 한 번 화제에 대해 깊이 생각하고 수긍한다.

상대의 말과 행동에 대한 이유를 찾아낸다

원인에 흥미를 가지면 아무리 나쁜 결과에도 동정심을 갖게 된다.
더불어서 사람을 다루는 요령이 한층 숙달된다.

상대가 맞건 틀리건 어쨌든 자기가 잘못되어 있다고는 결코 생각하고 싶지 않은 것이 사람의 습성이다. 그러니까 상대방을 비난한들 소용이 없다. 비난은 어떤 바보라도 할 수가 있다. 현명한 사람은 상대방을 이해하려고 노력한다.

상대의 말과 행동에는 저마다 그럴 만한 이유가 있을 것이다. 그 이유를 찾아내도록 노력하라.

상대방의 입장이 되어보면 그 행동만으로 상대의 성격을 알아낼 수 있다. '만약 내가 상대방 같으면 어떻게 느끼고 어떻게 반응할 것인가?' 늘 이렇게 자문자답해보도록 하라.

이런 훈련을 하게 되면 화를 내면서 시간을 낭비하는 것이 어리석게 여겨진다. 원인에 흥미를 가지면 아무리 나쁜 결과에도 동정심을 갖게 된다. 더불어서 사람을 다루는 요령이 한층 숙달된다.

자기에 대한 강렬한 관심과 자기 이외의 사람에 대한 어중간한 관심을 비교하고, 다음에 그 점에 있어서는 인간은 모두 비슷비슷하다는 것을 고려하면 모든 직업에 필요한 원칙을 파악할 수 있다. 즉, 사람을 다루는 비결은 상대의 입장을 동정하고 그것을 잘 이해하는 일이다.

남에게 무슨 일을 부탁하려고 할 때에는 우선 눈을 감고 '어떻게 해야 상대방이 그것을 하고 싶어질 것인가?'를 생각해보아야 한다. 이 방법이 귀찮기는 하겠지만, 보다 좋은 결과를 쉽게 얻을 수 있다. 상대편의 입장이 되어서 세상일을 깊이 판단할 줄 아는 요령을 터득한다면, 당신은 이미 성공의 문턱에 들어선 것이다.

시비나 악감정을 없애고 상대편에게 선의의 마음을 갖게 하여 당신이 말하는 것을 조용히 듣도록 하는 마법의 문구로서 다음과 같은 것이 있다.

"당신이 그렇게 생각하는 것은 당연합니다. 만약 내가 당신이라도 그렇게 생각할 것입니다."

아무리 심술궂은 인간이라도 이렇게 서두를 꺼내면 대개는 조용해진다. 더구나 상대의 입장이 되면 말 한마디에도 그만큼의 성의가 담기게 마련이다.

마음에 안 드는 상대일지라도 그가 그렇게 된 데는 그럴 만한 충분한 이유가 있을 것이다.

악감정을 중화하는 데는 동정이 절대적인 힘이다

대체로 대통령들은 매일 귀찮은 대인관계의 문제에 직면한다. 미국의 태프트 대통령도 예외는 아니었다. 그는 경험에 의해서 나쁜 감정을 중화하는 데는 동정이 절대적인 힘을 가지고 있다는 것을 알았다.

그는 자신의 저서인《봉사의 윤리학》속에서 흥미 있는 실례를 들면서, 어떻게 남의 반감을 유화시켰는지를 서술하고 있다. 그 한 대목을 소개한다.

ⓒ 워싱턴에 있는 한 부인이 그녀의 아들을 어떤 직위에 앉히려고 6주 이상이나 매일같이 나를 찾아왔다. 그녀의 남편은 정계에서도 다소 이름이 알려진 사람이었다.

그녀는 수많은 상하 양원을 자기 편으로 끌어들여서 맹렬한 로비를 펼쳤다. 그러나 그녀의 아들이 원하는 직위는 전문적인 기술을 필요로 했기 때문에, 나는 그 부처의 책임자의 추천에 따라서 다른 사람을 임명하였다.

그 후 그녀로부터 원한에 사무친 편지가 왔다. 내가 마음만 있다면 쉽사리 그녀를 기쁘게 해줄 수 있었을 터인데, 그것을 하지 않았다는 것은 은혜를 모르는 사람이라고 말했다. 내가 특히 관심을 가지고 있었던 법안을 통과시키기 위해 그녀는 지역구 출신의 국회의원 모두를 설득해서 그 법안을 지지케 했음에도 불구하고 은혜를 원수로 갚았다는 것이다. 이러한 편지를 보게 되면 누구나 그 무례함을 응징해주고 싶을 것이다. 그래서 당장에 반박의 편지를 쓴다. 그렇지만 이런 문제일수록 현명하게 처신할 필요가 있었다.

나는 그녀에게 될 수 있는 대로 친절하게 편지를 썼다. 그녀의 실망은 충분히 이해하겠으나 그 인사 문제는 나의 뜻만으로는 할 수 없고, 또 전문적인 기술을 가진 사람이 아니면 안 되기 때문에 국장의 추천에 따를 수밖에 없었으니 양해해달라고 하였다. 그리고 그녀의 아들은 현재의 직위에 그냥 있어도 기대에 어긋나지 않을 것이므로 걱정하지 말라고 거듭거듭 강조하였다.

이 회답으로 그녀는 기분이 풀어져서 전에 너무 실례되는 편지를 보내서 미안하다고 사과했다.

그런데 내가 임명하기로 정해놓은 사람의 발령이 다소 시간을 끌었다. 그러고 있는 사이에 이번에는 그녀의 남편으로부터 편지가 왔다. 자세히 보니까 이전의 편지와 필적이 같았다. 편지에는 지난 번 일 이후 자신의 아내가 충격을 받아 신경쇠약에 걸렸고, 위암 증상이 나타나 빈사 상태에 있는데 아들을 임명해주면 병이 나을 것이라고 했다.

나는 다시 한 번 편지를 하지 않으면 안 되었다. 이번에는 그녀의 남편 앞으로 보냈다. 부인의 건강이 속히 완쾌되기를 빈다고 말하고, 인사 문제는 변경할 수가 없다고 못 박았다. 그때는 사령장이 이미 나온 뒤였다. 그가 편지를 받은 이틀 후에 나는 백악관에서 음악회를 개최했다. 그런데 첫 번째로 우리 부부에게 인사를 한 커플은 바로 그들 부부였다. 그 부인은 2, 3일 전만 해도 사활을 다투는 병석에 있었을 터인데….

동정심은 누구에게나 있다

S. 휴럭은 미국 음악계에서 일류급에 해당되는 매니저이다. 그는 수십 년에 걸쳐서 리어핀, 이사도라 덩컨, 바브로봐와 같이 세계적으로 알려진 예술가들과 교섭을 가져왔다. 그는 성미가 까다로운 예술가들을 움직이기 위해서는 그들의 유달리 뛰어난 개성에 대한 동정심이 필요하며, 그것을 무엇보다도 먼저 배웠다고 한다.

그는 샬리아핀의 매니저로서 3년간을 일했는데, 이 가수의 괴상스런 성격 때문에 골머리를 앓았다. 가령 샬리아핀은 낮에 전화해서, '기분 나쁘다. 목의 컨디션이 좋지 않아서 오늘 밤은 노래를 할 수 없다.'며 밤무대 스케줄을 어기는 일이 자주 있었다.

휴럭은 그의 그런 버릇을 알고 있었기 때문에 결코 역정을 부리지 않았다. 매니저와 예술가 사이에서는 시비가 하등 소용이 없다는 것을 너무나 잘 인식하고 있었기 때문이다. 그 대신 그는 황급히 샬리아핀의 호텔로 달려가서 열심히 사정을 했다.

"이것 참 안됐습니다. 오늘 밤은 노래하지 않는 편이 나을 것 같군요. 취소하도록 하겠어요. 무리하게 노래를 해서 평판이 떨어지는 것보다는 2천 달러의 계약을 취소하는 것이 당신에게 훨씬 유리할 것입니다."

그러자 샬리아핀은 한숨을 지으며 말했다.

"좀 더 있다가 다시 한 번 와주시지 않겠어요? 5시쯤에는 출연할 수 있을지 어떨지 알 수 있을 것 같은데…."

5시가 되어 그는 다시 호텔로 달려가서 먼저와 같은 식으로 동정심을 보이고 무리를 하지 말도록 권유하였다. 이번에는 '좀 더 있으면 잘될지도 모릅니다. 한 번 더 와주시지 않겠습니까?'라는 대답이 돌아왔다.

7시 30분. 샬리아핀은 개장 직전에 겨우 출연할 것을 승낙했다. 청중들에게 음성이 상했다는 양해를 구해 놓는다는 전제 하에서.

아더 I. 게이스 박사의 유명한 저서《교육심리학》에는 다음과 같은 말이 있다.

"인간은 일반적으로 동정심을 원한다. 아이들은 상처를 보이고 싶어 한다. 때로는 동정을 구하고 싶어서 자기 스스로 상처를 만드는 일도 있다. 어른도 마찬가지다. 특히 수술을 받았을 때의 이야기 같은 것을 자세하게 얘기하고 싶어 한다. 불행한 자신에게 자기 연민의 정을 느끼고 싶어 하는 마음은 정도의 차이는 있겠지만 누구에게나 있는 법이다."

C 상대방을 사로잡는 커뮤니케이션 테크닉

: 상대방과의 공통점을 찾고 자신과 어떤 관계인지 말해보자

대부분의 사람들이 낯선 이에게 먼저 대화를 시도하는 것을 어렵게 생각한다. 이럴 때 아주 사소한 공통점이라도 상관없다. 자신이 생각하기에는 하찮은 공통점일지 모르지만 관계를 매끄럽게 하는 데 큰 도움이 된다.

아름다운 **심정에 호소**한다

인간은 누구나 이상주의적인 경향을 가지고 있으며,
자신의 행위에 대해서는 아름답게 윤색된 이유를 달고 싶어 한다.

은행가이며 미술품 수집가로 유명한 J. P. 모건은 다음과 같이 말
했다.

"보통 인간의 행위에는 두 가지 이유가 있다. 그 한 가지는 그럴듯
하게 윤색된 이유, 또 다른 한 가지는 진실한 이유이다."

진실한 이유는 다른 사람이 이러쿵저러쿵 말하지 않아도 당사자
만은 알 수 있는 것이다. 인간은 누구나 이상주의적인 경향을 가지고
있으며, 자신의 행위에 대해서는 아름답게 윤색된 이유를 달고 싶어
한다.

그러니까 상대방의 생각을 바꾸게 하기 위해서는 아름다운 이유
를 꾸미고 싶어 하는 심정에 호소하는 것이 좋다. 이것을 사업에 응
용하면 어떨까?

펜실베이니아주 구레놀덴에서 아파트 임대업을 하는 해밀튼 J. 파렐 씨의 경험을 살펴보자.

파렐 씨의 아파트에는 계약 기한이 4개월 남았는데도 결단코 이사를 가겠다는 사람이 있었다. 월세 55달러의 셋방이었다. 다음은 파렐 씨의 이야기이다.

C 이 가족은 나의 아파트에서 한겨울을 넘겼다. 겨울은 1년 중에서 가장 경비가 많이 드는 시기이다. 가을이 되기까지는 새로운 입주자를 구하기 어려웠다. 말하자면 나로서는 220달러가 공중에 붕 떠버리는 것이다. 나는 화가 났다. 보통 때 같으면 계약서를 들이대고, 무리하게 꼭 이사를 가겠다면 계약기간의 모든 방세를 지불하라고 다그쳤을 것이다.

그러나 한편으로는 이번만큼은 소란을 떨지 않고 해결할 수 있는 방법을 찾아보고 싶었다. 나는 궁리 끝에 다음과 같이 말해보았다.

"사정은 잘 알았습니다만, 제가 볼 때는 아무래도 당신은 이사 갈 거라고 믿어지지 않는군요. 여러 해 동안 집세를 받아먹고 사는 저에게는 사람을 보는 눈이 있거든요. 당신은 약속을 어길 만한 사람이 아니라는 것을 잘 알고 있습니다. 이것만은 내기를 해도 좋습니다."

그런 다음 계속해서 이렇게 말했다.

"한 가지 부탁이 있는데, 이 문제를 2, 3일 후에 다시 상의하시지 않겠습니까? 그래도 여전히 마음이 변하지 않는다면 당신의 생각대로 이

사를 가도 좋습니다. 내가 사람을 잘못 본 것으로 알고 단념하는 수밖에 없지요. 아무튼 나는 당신이 약속을 어길 사람은 아니라고 굳게 믿고 있습니다. 그러나 물론 오판일 수도 있겠지요."

며칠이 지난 후, 그는 자기 손으로 집세를 치르러 왔다. 아내와 함께 상의한 결과 이사 가는 것을 취소하기로 한 모양이었다. 그 이유인즉 계약을 실행하는 게 매우 중요한 것임을 인식하게 되었기 때문이라는 것이다.

진심이 통용되지 않는 상대도 있다?

노크리프 경(1865~1922, 영국의 신문업자)은 공개하고 싶지 않은 자기의 사진이 신문에 실린다는 얘기를 듣고 편집국장 앞으로 편지를 썼다. 그러나 '나의 마음에 들지 않으니 그 사진은 신문에 게재하지 말아달라.'고 쓰지는 않았다. 그는 좀 더 아름다운 심정에 호소했다. 즉, 누구나 품고 있는 어머니에 대한 존경과 애정에 호소해서, '그 사진은 신문에 게재하지 말아주기를 바랍니다. 어머님이 매우 싫어하는 사진이기 때문입니다.'라고 적었다.

록펠러 2세도 그의 아이들의 사진이 신문에 발표되는 것을 방지하기 위해서 '아이들의 사진을 신문에 싣는 것은 찬성할 수 없다.'라고 말하지 않고, 진심을 담아 어린 자식들을 사랑하는 부모의 공통된 심정에 호소했다.

"당신들 중에 아이를 가진 분들이 있으면 잘 이해하리라고 생각합니다만, 너무 세상에서 떠들어대는 것은 아이의 장래에 불행한 결과를 초래합니다."

독자들 중에는, '그런 수법은 노크리프나 록펠러에게는 들어맞을지 모르지만, 그렇지 않은 까다로운 상대에게도 통용될 수 있을까?' 하고 의문을 갖는 사람이 있을지 모른다.

물론 그렇다. 상대에 따라서는 통용되지 않을지도 모른다. 만약 당신이 이 이상의 방법을 알고 있어서 그 결과에 만족하고 있다면 구태여 이러한 방법을 쓸 필요는 없다. 그러나 그렇지 않다면 다음 장에서 설명하는 방법을 실험해보라.

C 상대방을 사로잡는 커뮤니케이션 테크닉

: 상대의 말을 끊지 말라

비록 하찮고 논리에 맞지 않는다고 해도 상대방의 말은 유일한 커뮤니케이션의 통로이다. 상대방의 맞지 않는 점을 정정해주거나 충고하기 위한답시고 대화 중에 섣불리 말을 끊어버리면 그 통로를 잃고 만다.

진심으로 인정받으면 부정이 없다

상대방의 신뢰도가 분명하지 않을 때는 일단 그를 훌륭한 인격체로 간주하라.
그렇게 시작한 거래는 반드시 성공한다.

어느 자동차 회사의 고객 여섯 명이 금액의 일부가 부당하다고 주장하면서 자동차 수리대금을 지불하려고 하지 않았다. 회사 측은 수리를 할 때마다 사인을 받아놓기 때문에 절대로 틀림이 없으리라 믿고 액면 그대로를 요구했다. 그러나 고객을 설득시키는 방법에 문제가 있었다. 수금원이 미수금을 징수하려 했던 방법은 다음과 같다.

❶ 직접 찾아가서 이번 달에는 꼭 지불해줘야 한다고 정면으로 맞부딪쳤다.
❷ 청구서는 절대로 틀리지 않았다. 따라서 잘못된 것은 고객 쪽이라고 분명히 못을 박았다.
❸ 자동차 문제는 손님보다 회사 쪽이 훨씬 더 잘 알고 있다. 그러니까

더 이상 논쟁의 여지는 없다고 설명했다.

❹ 그 결과는 치열한 시비로 번졌다.

이러한 징수 방법은 결코 성공할 수가 없다.

수금원은 마침내 법적인 수단에 호소하려고 했는데, 때마침 지배인이 이 사실을 알게 되었다.

지배인이 조사를 해본 결과 문제의 고객들은 모두가 평소의 대금 지불 성적이 우수했다는 것을 알게 되었다. 그렇다면 원인은 고객 쪽에 있는 것이 아니라 미수금 징수 방법에 무슨 근본적인 실책이 있을 것 같았다. 지배인은 A씨를 불러서 이 문제를 해결하도록 지시했다. A씨가 취한 징수 방법은 다음과 같았다.

❶ 미납된 대금에 대해서는 한마디 언급도 하지 않고, 다만 회사의 서비스 실태를 조사하고 싶어서 방문했다고 말했다.

❷ 상대방의 얘기를 모두 들어보지 않고서는 어떻게 생각해야 좋을지 모르겠다고 말하고, 회사 측에 실수가 있을지도 모른다고 말했다.

❸ 내가 알고 싶은 것은 고객의 차에 대한 것이며, 그 차에 대해서는 차주가 누구보다도 가장 잘 알고 있으며 최고의 권위자라고 말하였다.

❹ 상대방이 말하게 만들고, 상대가 기대하는 대로 흥미를 가지고 그 말을 귀담아들었다.

❺ 얼마 후 흥분이 가라앉았을 때, 그의 공정한 판단에 호소하였다.

"저희가 부족해서 폐를 끼치게 되어 참으로 죄송합니다. 수금원의 태도에 매우 기분이 상하셨을 겁니다. 회사를 대표해서 깊이 사과드립니다. 이렇게 직접 만나 뵙고 나니 귀하의 공정하고 관대한 인격에 아주 감탄했습니다. 한 가지 청이 있습니다만, 이 일은 당신이 아니면 할 수 없습니다. 그리고 당신이 가장 잘 알고 있는 일입니다. 다름이 아니라, 이 청구서 말입니다. 이것을 당신께서 정정해 주신다면 저도 안심할 수 있겠습니다. 당신이 우리 회사의 사장이라는 생각으로 정정해주십시오. 만사를 당신께 일임하고 정정하신 대로 처리하겠습니다."

이 방법은 멋지게 적중하였다. 여섯 명의 고객 중에서 한 사람만이 끝까지 회사 측의 잘못을 주장하며 일부 대금을 지불하지 않았을 뿐, 다른 고객들은 모두가 기분 좋게 전액을 지불하였다. 특히 재미있는 것은 그 후 2년 동안 이 여섯 명의 고객으로부터 모두 새 차를 주문받았다는 사실이다. A씨는 이에 대해서 다음과 같이 말하였다.

"상대방의 신뢰도가 분명치 않을 때는 일단 그를 훌륭한 신사로 간주하고 거래를 진행하면 틀림없이 성공한다. 인간은 누구나 정직하게 살고자 한다. 이에 대한 예외는 드물다. 상대를 기만하기를 일삼는 인간도 상대방으로부터 진심으로 신뢰를 받고 정직하고 공정한 인물로 인정을 받으면 좀처럼 부정한 일을 할 수가 없다."

경쟁심을 자극한다

**성공자는 모두가 한결같이 게임을 좋아한다.
자기표현의 기회가 주어졌기 때문이다.**

찰스 슈와프가 담당하고 있는 공장 중에서 실적이 오르지 않는 공장이 있었다. 슈와프는 공장장을 불러 다음과 같이 물었다.

"당신은 상당한 수완이 있는 사람으로 생각했었는데 의외로 실적이 오르지 않으니 웬일이죠?"

"저도 그 이유를 알 수가 없습니다. 근로자들을 어르고 달래고…, 아무튼 모든 수단을 강구하는데도 효과가 없습니다."

마침 그때는 주간과 야간의 교대 시간이었다. 슈와프는 분필을 손에 쥐고 주간 근로자를 불러서 물어보았다.

"자네 근무반에서는 오늘 몇 번 주물을 흘려보냈는가?"

"여섯 번입니다."

슈와프는 아무 말도 하지 않고 공장 바닥에 '6'이라는 숫자를 써놓고 나가버렸다. 야간반이 들어와서 이 숫자를 보고 그 의미를 주간 근로자에게 물어보았다.

"보스가 이 공장에 왔다 갔어. 오늘 몇 번 주물을 흘려보냈는지 묻기에 여섯 번이라고 대답했더니 이렇게 6자를 써놓고 갔다네."

슈와프는 다음 날 아침에 다시 찾아갔다. 그랬더니 바닥에는 '6'자 대신 '7'자가 씌어져 있었다. 야간반이 성적을 더 올렸다는 뜻임이 분명했다.

이윽고 주간반이 또 교대를 했다. 그들은 이번에는 '7'자 대신 '10'자를 적어놓았다. 그렇게 날이 갈수록 이 공장의 능률은 자꾸 올라가게 되었다. 그리고 마침내 성적이 불량했던 이 공장은 얼마 안 가서 다른 공장을 누르고 생산률 제1위를 차지하기에 이르렀다.

이에 대해서 슈와프는 이렇게 말했다.

"일에는 경쟁심이 가장 중요하다. 그러나 돈벌이에 대한 악착스런 경쟁심이 아니라 남들보다 뛰어나야 한다는 경쟁심을 이용해야 한다."

불굴의 투지를 자극하라

우위를 점하고 싶다는 욕구와 경쟁의식, 불굴의 투지, 굳센 용기에 호소하는 것도 하나의 방법이다.

불굴의 투지가 자극을 받지 않았다면 시어도어 루스벨트도 대통령이 되지 못했을지 모른다.

미서 전쟁에서 돌아오자마자 그는 뉴욕 주지사로 선출되었다. 그런데 반대파는 루스벨트가 법적으로 주의 거주인 자격이 없다며 딴지를 걸었다. 그러자 당황한 루스벨트는 후보직을 사퇴하겠다고까지 말했다.

토머스 크리어 플라트가 그에게 호통을 쳤다.

"자네가 그러고도 산 쥬안 힐 전선에서 싸운 용사인가? 이 비겁한 친구야!"

그제야 루스벨트는 사의를 번복하고 싸울 결심을 하였다. 그다음 얘기는 역사가 보여주고 있는 내용 그대로이다.

루스벨트의 불굴의 투혼을 자극한 이 한마디는 그의 생애를 바꾸어놓았을 뿐만 아니라, 미합중국의 역사에도 중대한 영향을 미쳤다.

성공자는 모두 게임을 좋아한다. 자기표현의 기회가 주어졌기 때문이다. 정정당당하게 싸워 이길 수 있는 기회, 바로 이것이 여러 가지 경쟁을 성립시키는 요인이다.

우위를 점하고 싶은 욕구와 충족감을 얻고 싶은 소망을 자극하는 것, 설득의 또 다른 노하우이다.

C 상대방을 사로잡는 커뮤니케이션 테크닉

: 잘 들어야 잘 말한다

성공을 이룬 사람들은 적의 말까지 흘려듣지 않는다. 자기보다 직위가 낮거나 싫은 사람의 말일지라도 경청한다. 경청이 자신을 얼마나 유리하게 만드는지를 잘 알기 때문이다.

• 구체적인 실례를 들어 말하라 •

• 인간미를 불어 넣는다

성공의 비결에 대한 실례가 있다면 근면, 인내심, 추진력 등의 추상적인 단어를 나열하는 것보다는 실례 속에 등장하는 주인공의 성격, 과거와 현재, 중요한 사건 등 한 사람의 인생을 이야기하듯이 세밀하게 묘사해야 설득력이 높아진다.

• 자신의 환경이나 체험을 적극적으로 활용한다

인간미를 불어넣고 실례를 구체화하는 것은 말하는 사람의 체험이다. 대다수의 사람들이 자신의 경험을 토대로 실례를 드는 것이 적당하지 않다고 생각하는데 이것은 고정관념이다. 듣는 사람이 개인적인 이야기에 반감을 품을 때에는 지나치게 도전적이거나 자기중심적일 때뿐이다.

• 이름을 써서 이야기를 구체화한다

불가피하게 익명을 써야 할 경우를 제외하고 실례 속에 등장하는 인물은 가급적 실명을 거론하는 것이 이야기의 생동감을 살리는 데 도움이 된다. 예를 들어 '그 사람' '그는'이라고 하지 말고, '홍길동 씨' 또는 '김길동 씨'라는 식으로 이름을 쓰는 것이 훨씬 설득력이 있다. 이름 속에는 인간의 관심을 잡아끄는 강력한 힘이 숨어 있기 때문이다.

• 사례를 앞세운다

타인이 당신의 '선한 행위'를 알게 되면 무의식적으로 같은 일을 하고 싶은 욕망이 생긴다. 고등학생의 헌혈 장면이 찍힌 슬라이드를 본 학생들은 보지 않은 학생들보다 17퍼센트 이상 헌혈을 하려 했다. 단순히 헌혈하는 사람의 사진을 보이는 것만으로도 보지 않은 것보다 더 많은 학생을 선도할 수 있었다. 남을 돕겠다는 욕망으로 돈을 기부하는 일도 마찬가지다. 그러나 상대방이 당신에게 도움을 주고 있는 다른 사람들을 모두 알게 되면 반대의 효과가 생길 수도 있다. 이때는 은유와 일화를 적용하라. 그것들은 강력한 설득의 도구가 될 것이다. 즉 그에게 유사한 상황에서 도움을 주는 사람들에 대한 고마움을 이야기하여 당신이 원하는 심리적 효과를 얻을 수 있다.

• 세부적인 것을 확실히 밝힌다

예로 든 이야기가 실감나려면 세부적인 사항을 확실하게 밝혀야 한다. '언제? 어디서? 누가? 무엇을? 어떻게? 왜?'라는 육하원칙에 따라 구체적으로 말을 하면 이야기는 생명력을 얻는다. 단, 구체적인 말하기에 집중한 나머지 말을 남발해서는 안 된다. 지나치게 말을 많이 하면 점점 사람들이 흥미를 잃게 되어 무관심해진다. 무관심처럼 지독한 거절은 없다.

• 대화를 넣어 이야기를 극적으로 만든다

실례를 들 때 직접적인 대화 내용을 인용하면 극적인 효과를 살릴 수 있다. 예를 들어 '단골손님이 지난주 일요일에 배달한 세탁기가 작동되지 않는다며 머리끝까지 화가 나서 찾아왔다'는 일화가 있다면 이것을 '단골손님이 성난 얼굴로 들어와 앉으라고 권할 틈도 없이 이렇게 말했다. 이봐, 자네가 판 세탁기가 형편없어. 그 따위 세탁기를 팔다니. 두 번 다시 이 가게에서 물건을 사지 않을 걸세. 당장 트럭을 보내 그 세탁기를 실어가게'라며 대화를 넣어 실감나게 표현하는 것이다. 만약 흉내를 잘 내는 재주가 있다면 그 효과는 배가될 것이다.

• 온몸을 이용해 시각화한다

사람이 얻는 지식의 85퍼센트 이상이 눈을 통해 받아들여진다는 말이 있을 만큼 실례를 시각화하는 것은 중요하다. 가령 골프 치는 방법에 대해 얘기할 때 설명과 함께 여러 가지 몸동작을 보여준다면 사람들은 보다 쉽게 이해할 수 있을 것이다.

PART 4

사람을 끌어들이는 비결

있는 **그대로 받아**들여라

**상대방을 자기 뜻대로 움직이지 못하는 까닭은 상대방을 있는 그대로 받아들이지 않고,
자신의 생각을 강요하려 하기 때문이다.**

사람은 누구나 있는 그대로 받아들여지기를 바란다. 그런데 대부분의 사람들은 여러 사람과 함께 있을 때 자기 자신의 본모습을 드러내놓기를 꺼린다. 꾸미지 않은 자신의 모습이 혹여 다른 사람들에겐 비웃음의 대상이 되지 않을까 두렵기 때문이다.

남에게 보여주기 위한 행동은 어딘가 모르게 불편하고 부자연스럽다. 하지만 적어도 남들과 비슷하게 행동하면 비난이나 오해의 소지는 그만큼 줄어든다는 이점이 있다.

이런 이유에서 많은 사람들이 자신의 본모습을 감춘 채 살아가면서도 한편으로는 완전한 자기 자신으로 돌아가게끔 하는 사람, 즉 자신을 있는 그대로 받아들여주는 사람을 간절히 바라게 되는 것이다.

원만한 대인관계를 위해서는 상대방이 어떻게 행동해주기를 강요

해서는 안 된다. 상대방에게 자기 마음대로 행동할 수 있는 권리를 부여해주어라. 그가 다소 괴짜일지라도 상관하지 말라. 그저 그의 마음을 편하게 해주면 된다.

있는 그대로 받아들여지게 하려면

상대방을 있는 그대로 받아들이는 사람에게는 무한한 힘이 있다. 그 이유는 과거에는 편협하고 난폭했지만 지금은 너그럽고 여유 있는 성격으로 변신한 사람들에게 물어보는 것이 좋다. 그들 대부분이 '내가 변화한 것은 아내가 나에게 보여준 신뢰 때문.'이라든가, '아내는 결코 나를 비난하거나 잔소리를 하지 않고 끝까지 믿어주었다. 그것이 가장 큰 힘이 되었다.'라고 대답할 것이다.

어느 심리학자가 말한 것처럼, 있는 그대로 상대방을 바라보는 것 이상 그 사람을 개조시킬 수 있는 좋은 방법은 없다. 일반적으로 '사람을 움직이는 힘'이 결여되어 있는 가장 큰 이유는 상대방을 있는 그대로 받아들이지 않고, 자신의 생각을 상대방에게 강요하려 하기 때문이다.

당신은 정신과 치료를 받는 사람을 어떻게 생각하는가? 실제로 대인관계가 원만하지 않거나 여러 가지 정신적인 문제를 지니고 있는 사람들은 일주일에 몇 번 정신과 의사와 상담하는 것만으로도 낫는 경우가 많다고 한다.

한 유명한 정신과 의사는 인간관계에서 상대방을 받아들이는 문제에 대해 다음과 같이 말했다.

"만일 모든 사람들이 상대방을 있는 그대로 받아들인다면, 우리 정신과 의사들은 모두 실업자가 되고 말 겁니다. 정신병 치료의 진수는 바로 환자들을 있는 그대로 받아들여주는 것입니다. 그 일을 우리 같은 의사들이 담당하는 것이죠. 환자들은 우리에게 자신의 문제를 털어놓음으로써 마음이 편해지는 것을 느낍니다. 의사들은 그들의 말에 놀라거나 반박하지 않는 것은 물론, 그들의 수치스러운 부분까지도 스스럼없이 받아들여주기 때문입니다. 그러다보면 환자들 또한 자신의 모든 것을 자연스럽게 받아들이게 되고, 이윽고 정상적인 생활로 한 걸음 나아갈 수 있게 되는 것입니다."

모든 사람들은 자신이 상대방에게 있는 그대로 받아들여지기를 바란다. 그러나 어느 누구에게나 있는 그대로 받아들여질 수 있는 사람은 이 세상에 아무도 없으며, 그렇게 되기를 바라는 것 자체가 무리이다. 우선 범위를 좁혀 자신의 소중한 사람들에게 그렇게 되도록 노력해보자.

남편을 성공시키려면

어느 대기업의 회장은 사원을 승진시키기에 앞서 그의 아내에 대해 조사한다고 한다. 그의 아내가 아름답고 애교가 있다든지, 요리 솜씨가 훌륭하다든지 하는 것은 별로 문제가 되지 않는다. 단지 아내가 자기 남편에게 자신감을 갖도록 해줄 수 있느냐 없느냐가 중요할 뿐이다.

그는 이렇게 말한다.

"아내가 남편을 있는 그대로 받아들임으로써 기쁨과 만족을 느낄 때, 그리고 아내의 그런 마음을 남편이 알고 있을 때 남편은 자신감을 얻게 됩니다. 그는 '아내가 나를 인정하는 걸 보면 나도 아주 쓸모없는 인간은 아니야.'라고 생각합니다. 그럼으로써 '나도 할 수 있다.'는 자신을 얻게 되며, 아무리 매서운 폭풍이 몰아쳐도 눈 하나 까딱하지 않는 자신감을 가지게 되는 것입니다. 그러나 불평과 잔소리만 늘어놓는다면, 남편의 의욕은 사그라져버립니다. 가장 믿고 의지해야 할 아내의 불평불만으로 인해 자기 자신에 대한 불신감이 싹트기 때문입니다."

그는 또 남편을 있는 그대로 받아들이는 아내는 남편으로 하여금 대인관계도 원만하게 만들 수 있도록 해준다고 덧붙인다.

"이것은 아내가 남편을 받아들임으로써 남편이 자기 자신을 더 좋아하게 되기 때문입니다. 자기 자신을 좋아하면 다른 사람들과의 관계도 원만해지고 사려도 깊어지게 마련이거든요."

이와 반대로, 불평과 잔소리를 늘어놓는 아내는 자기가 바라는 반대의 결과밖에 얻지 못한다. 이런 아내 때문에 남편은 자기 자신을 싫어하게 되고, 그럴수록 자신감이 없어진다. 남편이 밖에서 술타령이나 하는 것은 집에 들어가는 게 지옥처럼 느껴지기 때문이다. 이것은 결국 아내 스스로가 불러들인 재앙이라고 할 수 있다.

괴테는 "왕이건 농부이건 자신의 가정에 평화를 찾아낼 수 있는 자가 가장 행복한 인간이다."라고 했고, 톨스토이는 "모든 행복한 가정은 서로 닮은 데가 있다. 하지만 모든 불행한 가정은 나름 제각각의 다양한 이유로 불행하다."라고 했다. 또한 "가정에서 마음이 평화로우면 어느 마을에 가서도 즐거운 일들을 발견한다."라는 인도의 속담에서 가정의 소중함과 아내의 현명한 역할을 깨우치게 된다.

C 상대방을 사로잡는 커뮤니케이션 테크닉

: 감정적으로 맞서지 말라

상대가 감정적으로 나올수록 침착하고 이성적으로 대처해야 한다. 감정적으로 맞서면 상황을 더욱 악화시킬 뿐 문제 해결에 전혀 도움이 되지 않는다. 갈등을 해소하고 상대를 자신의 지지자로 만들려면 인내심을 가지고 상대의 이야기를 경청하고, 그 속에서 해결의 돌파구를 찾아야 한다.

상대방을 **특별한 존재**로 여긴다

상대방을 여러 사람 중의 한 사람으로 취급하는 우를 범하지 말라.
사람들은 누구나 자기에게 특별한 서비스를 제공해주기를 바라고 있다.

모든 사람이 공통적으로 지니고 있는 갈망은 다른 사람들에게 중요한 인물이 되고 싶다는 것이다. 이것은 자신의 가치를 높이고자 하는 노력에 다름 아니다.

다음은 어느 보험회사의 사장에게서 들은 얘기다.

그가 보험회사로 성공을 거둔 것은 '우리 회사는 모집인을 중시한다.'는 모토 때문이었다고 한다.

이 간단한 모토가 어떻게 성공의 열쇠가 될 수 있었느냐는 질문에, 그는 무엇인가를 중시한다는 것은 경시하는 것의 반대라고 지적하며 이렇게 말했다.

"보험회사는 모집인들의 역량에 의해 성공 여부가 좌우된다는 사실을 우리는 잘 알고 있습니다. 우리에게는 그들이 중요합니다. 우리는 우리 회사의 모집인들을 보험업계 최고의 유능한 인재들이라고 믿고 있으며, 나 또한 그들을 그렇게 대하고 있습니다. 상대방을 중시하면, 그는 점점 더 유익한 존재가 되고, 좋은 결과를 낳게 되는 것입니다."

사람은 다 귀중하다

남편이나 아내, 상사나 부하 직원, 또는 고객… 이들이 당신에게 얼마나 귀중한 존재인가를 깊이 생각해보라. 그리고 그 사실을 마음속 깊이 새겨두고, 당신이 상대방을 긍정적으로 평가하고 있다는 사실을 알릴 수 있는 방법을 연구하라.

다음은 상대방의 중요성을 나타내는 방법이다.

❶ 상대방을 애먹이지 말 것
❷ 가능한 한 빠른 시일 내에 약속을 할 것
❸ 감사할 것
❹ 상대방을 특별 취급할 것

이중 넷째 항목에는 부연 설명이 필요할 것 같다.

사람을 보통으로 취급하면, 그를 의기소침하게 만들고 경시하는 결과를 초래한다. 사람은 누구나 특별한 존재로 취급되기를 원하기 때문이다.

예를 한 번 들어보자.

앞서 말한 보험회사의 사장은 새로운 지점의 개설에 대한 앙케트 조사를 위해 고객들에게 설문지를 배부한 적이 있었다고 한다. 그런데 수취인란에 '고객 제위'라고 써서 보냈더니, 회답이 전혀 없었다. 그래서 이번에는 말을 조금 바꾸어 수취인 각자의 이름을 적어 보냈더니 많은 회신이 있었다고 한다.

이처럼 자기의 독자적인 가치를 인정받고 싶은 것이 사람의 마음이다.

개인 대 개인으로 말하라

사람들은 '고객 여러분', '대중', '어린이들', '기혼자들' 등과 같은 어떤 일정한 범주에 들어가는 것을 싫어한다. 독자적인 인간으로서 인정되기를 바란다.

'손님은 모두 똑같다.'고 말하는 상인은 자신도 알지 못하는 사이에 파산의 길로 치닫고 말 것이다. '남자들은 전부 똑같다.'고 말하는 여성 또한 여간해선 신랑감을 만나기 어려울 것이다.

모든 사람을 똑같이 취급하는 것은 쉬운 일이지만, 이래 가지고는 원만한 인간관계가 이루어지지 않는다. 각 개인을 그들의 특성에 따라 상대하도록 하자. '손님들'이라는 인간은 없다. 이 세상은 개인이 모여 이루어져 있다. '사람들'이란 말은 단지 추상적인 명칭에 불과하다.

상대방을 여러 사람들 중의 한 사람으로 취급하는 우를 범하지 마라. 사람들은 누구나 자기에게 특별한 서비스를 제공하는 식당에 가기를 좋아한다. 대단한 서비스가 아니라도 좋다. 주인이 자기 이름을 직접 부르며, '선생님, 오늘 밤에는 특별 요리가 준비돼 있습니다.'라고만 말해주어도 충분하다. '보통은 이렇게 하지 않습니다만, 당신에게만 특별히 해드리지요.' 하고 말하면, 저절로 기분이 좋아진다.

"제가 개인적으로 당신에게만 특별한 것을 준비해 드리도록 하지요."

"이 옷은 아무에게나 어울리는 것이 아닌데, 손님에게는 정말 잘 어울립니다."

어린이에게도 마찬가지이다. 어린이 역시 '어린이'로서가 아니라, 한 인격체로서 취급되기를 바란다.

어른은 대부분 자기 자녀들을 소개할 때 '우리 애들입니다'라고 해버리는 경우가 많다. 왜 이렇게 아이들을 '집단' 취급하는 것일까? 어른을 소개할 때와 마찬가지로 왜 한 사람 한 사람 소개하지 않는 것일까?

아이를 소개받았을 때 역시 은행의 지점장을 소개받았을 때와 똑같은 태도를 취해야 한다.

자연으로부터 배운다

**인정받고 싶어 하는 욕구는 그야말로 인간의 심성을 끊임없이 흔들고 있는 갈증이다.
그래서 자기의 중요성을 갈망한 나머지 광기의 세계에서라도 그것을 채우려 발버둥 친다.**

꽃은 꿀벌을 끌어들이는 방법을 알고 있다. 그러나 벌을 위협하거나 달래지 않는다. 벌이 꿀을 갈망하고 있다는 사실을 알고 있기 때문에 그저 벌의 갈망을 충족시켜줄 뿐이다.

'꿀은 식초보다 많은 파리를 끌어들인다.'는 속담이 있는데, 이는 결국 꿀이 파리가 갈망하는 음식이기 때문이다. 그러므로 상대방이 갈망하는 꿀을 준비하도록 하라. 틀림없이 사람들이 떼를 지어 당신에게로 몰려들 것이다.

사람을 움직이는 비결은 이 세상에 오직 한 가지밖에 없다. 그러나 이것을 알고 있는 사람은 극히 드물다. 즉, 스스로 하고자 하는 마음을 일으키는 것, 바로 이것이 비결이다.

거듭 강조하거니와 스스로 하고자 하는 마음을 일으키는 것 외에는 별다른 비결이 없다.

물론 상대의 가슴에 칼을 들이댐으로써 손목시계를 풀어주고 싶은 마음을 일으키게 할 수는 있다. 종업원에게 목을 자른다고 위협하여 협력을 하게 할 수도 있다. 적어도 감시의 눈이 번뜩이고 있는 동안만은 채찍이나 호통을 쳐서 아이들을 마음대로 움직일 수도 있다. 그러나 이런 서툰 방법에는 항상 좋지 못한 반작용이 있게 마련이다.

사람을 움직이는 데는 상대가 원하는 것을 주는 것이 최선의 방법이다.

20세기의 위대한 심리학자 프로이트 박사에 의하면 인간의 모든 행동은 두 가지 동기, 즉 성적 충동과 위대해지고자 하는 욕망에 의해서 비롯된다고 한다.

미국의 저명한 철학자이며 교육가인 존 듀이 교수도 그와 같은 사실을 밑받침해주고 있다. 그는 인간이 갖는 가장 뿌리 깊은 충동은 훌륭한 인물이 되고자 하는 욕구라고 했다. 이것은 인간에게 있어서 매우 중요한 문제이다.

인간은 무엇을 탐하는가

원하는 것이 별로 없는 듯한 사람에게도 손에 넣지 않고는 배기지 못하는 것이 몇 가지는 있다.

평범한 인간이라면 누구나 우선 다음과 같은 것들을 소망할 것이다.

❶ 건강과 장수

❷ 음식

❸ 수면

❹ 금전 및 금전으로 살 수 있는 것

❺ 성욕의 만족

❻ 자손의 번영

❼ 자기의 중요성

이상의 욕구는 대체로 만족할 수 있는 것들이지만 하나만은 예외이다. 이 욕구는 성욕이나 수면욕같이 매우 뿌리가 깊지만 좀처럼 충족될 수가 없다. 그것은 바로 맨 마지막에 있는 '자기의 중요성'이다.

프로이트가 말하는 위대해지고자 하는 욕망이 그것이며, 듀이가 말하는 훌륭한 인물이 되고 싶은 욕구도 그것이다.

저명한 심리학자 윌리엄 제임스는 말했다.

"인간이 지닌 성정 중에서 가장 강한 것은 남의 인정을 받는 것을 갈망하는 기분이다."

여기서 제임스가 희망한다든가 원망한다든가 동경한다든가 하는 평범한 표현을 쓰지 않고 '갈망한다'라고 강조한 것에 주의해주기 바란다.

인정받고자 하는 욕구는 그야말로 인간의 마음을 끊임없이 흔들고 있는 갈증이다.

남에게 이와 같은 마음의 갈증을 올바르게 채워 줄 수 있는 사람은 극히 드물지만, 그것을 할 수 있는 사람이야말로 비로소 타인의 마음을 자기의 손아귀에 넣을 수가 있다. 장의사라 할지라도 이런 사람이 죽었다면 진심으로 슬퍼할 것이다.

현실세계에서는 자기의 중요성을 만족시킬 수 없다(?)

자기의 중요성에 대한 욕구는 인간을 동물과 구별하는 중요한 특성이다.

최신 유행의 스타일로 몸을 치장하거나 최신형 자가용을 굴리고 다니는 것, 그리고 자기 집 아이들을 자랑하는 것도 모두 이 욕구가 있기 때문이다.

유명인이 자기의 중요성을 채우는 일에 집착한 예는 흔히 찾아볼 수 있다.

조지 워싱턴은 자기를 '미합중국 대통령 각하'라고 불러주기를 원했다. 콜럼버스도 '해군 대제독, 인도 총독'이라는 칭호에 집착했다. 러시아의 캐더린 여왕은 자기에게 오는 편지 중에서 서두에 '폐하'라고 씌어 있지 않은 것은 거들떠보지도 않았다.

미국의 백만장자들은 바드 소장이 이끄는 남극 탐험대에 자금 원조를 하면서 남극의 산맥에 자신들의 이름을 붙여달라는 조건을 붙였다.

또한 프랑스의 대작가 빅토르 위고는 파리를 자신의 이름과 관련된 명칭으로 변경시키려는 엄청난 야망을 품고 있었다. 저 위대한 셰익스피어까지도 자신의 이름에 금박을 입히기 위하여 금을 쌓아놓고 가문(家紋)을 만들었다.

자기의 중요성을 만족시키기 위해 환자가 된 여성도 있다. 이 여성은 어느 날, 어떤 정체 모를 마음의 벽에 부딪혔다. 아마도 그 벽은 그녀의 나이였던 모양이다. 혼기는 이미 지났고, 더구나 미래에 대한 희망도 별로 없는 고독한 세월이 그녀를 기다리고 있을 뿐이었다.

마침내 이 여성은 자리에 눕고 말았다. 그로부터 10년 동안 늙은 어머니가 끼니때마다 식사를 2층에 있는 침실까지 날라다 주며 그녀를 간호했다. 그러던 어느 날, 간호를 하다 지쳐버린 어머니가 쓰러져 일어나지 못하고 그대로 숨을 거두고 말았다. 환자는 비탄에 잠겼으나 얼마 후에는 자리에서 일어나 처음과 같은 건강 상태로 되돌아왔다.

전문가의 얘기에 의하면 현실 세계에서는 자기의 중요성을 만족시킬 수 없어 환상의 세계에서 그 만족을 얻으려고 실제로 정신이상을 일으키는 경우도 있다고 한다.

정신이상의 원인은 무엇일까? 사실 정신병자의 약 반수는 뇌 조직 장애, 알코올, 독물, 외상 등 신체적 원인 때문이지만, 나머지 반수는 아무리 정밀한 현미경으로 뇌 조직을 조사해 봐도 보통사람과 아무런 차이가 없다고 한다.

자기의 중요성을 갈망한 나머지, 결국 광기의 세계에서라도 그것을 채우려고 하는 것이 바로 인간이다. 그렇다면 정상적인 세계에서 이 소망을 채워주었을 때에는 어떤 기적이라도 일으킬 수 있을 것이다.

브로드웨이의 유명한 흥행사였던 직펠드는 어떤 여자라도 날씬한 미인으로 만들어내는 교묘한 수완으로 명성을 날렸다. 아무리 겉모습이 초라하고 평범하더라도 일단 그의 눈에 띄기만 하면 이상야릇하게 매혹적인 모습으로 변화시켰다. 상대를 칭찬하고 신뢰하는 것이 얼마나 놀라운 효과를 발휘하는지를 충분히 자각하고 있던 그는 여자들에게 자기는 아름답다는 자신감을 갖도록 해주었다. 그것이 그가 평범한 여자를 미인으로 변화시키는 마법의 원천이었다.

ⓒ 상대방을 사로잡는 커뮤니케이션 테크닉

: 관심을 표현하라

상대의 마음을 움직이고 싶다면 끊임없이 관심을 표현하라. 설사 그것이 빈말일지라도 상대의 입가에 웃음이 번지고 당신을 향해 마음을 열게 될 것이다. 부지런한 사람이 사랑도 많이 받는 법이다.

본심을 속일 수는 없다

아첨과 칭찬은 어떻게 다를까? 칭찬은 진실하며 아첨은 진실하지 못하다.
칭찬은 마음속에서 우러나오지만, 아첨은 입에서 흘러나온다.

우리들은 자식이나 친구나 또는 고용인의 육체에는 영양을 주지만 그들의 자기 평가에는 좀처럼 영양을 주지 않는다. 진심이 담긴 부드러운 칭찬의 말은 그 어떤 음식보다 값진 마음의 양식이 되는 법이다.

독자 중에는 이렇게 생각하는 사람도 있을 것이다.

"무슨 소리, 다 시시한 얘기야. 아첨을 하라고, 비위를 맞추라고, 찬사를 늘어놓으라고, 그건 낡은 수법이야! 웬만한 사람에겐 아무런 소용도 없어!"

물론 아첨은 분별 있는 사람에게는 통용되지 않는다. 아첨이라는 것은 천박하고 이기적이며, 성의가 없다. 그렇지만 굶어죽기 직전에 인간이 풀이나 벌레를 닥치는 대로 먹는 것과 같이, 무엇이든지 닥치는 대로 집어삼킬 만큼 찬사에 굶주린 사람들도 세상에는 더러 있는 것이 사실이다.

영국의 빅토리아 여왕도 아첨을 좋아하는 경향이 있었다. 그때의 재상이었던 디즈레일즈도 여왕에게 수시로 아첨을 했다고 스스로 고백했다. 그의 말을 빌리면 '다리미로 다리듯이' 아첨을 했었다고 하는데, 그는 영국의 역대 재상 중에서도 가장 탁월한 사교의 천재였다.

디즈레일즈가 썼던 방법을 우리가 사용한다 해서 반드시 유용하다고 할 수는 없다. 결국 아첨이라는 것은 이익보다는 오히려 해를 가져온다. 실상 아첨은 거짓말이다. 가짜 금을 통용시키려고 하면 언젠가는 정체가 드러나고 만다.

아첨과 감사의 말은 어떻게 다른가?

대답은 간단하다. 후자는 진실하며 전자는 진실치 못하다. 후자는 마음속에서 우러나오지만 전자는 입에서 흘러나온다. 후자는 이타적이며 전자는 이기적이다. 후자는 누구에게나 환영을 받지만 전자는 환대받지 못한다.

미국의 사상가 에머슨은 이렇게 말했다.

"인간은 어떤 말을 써서도 본심을 속일 수는 없다."

인간은 특별한 문제에 마음을 빼앗기고 있을 때 이외에는 대개 자기의 일만 생각하며 산다. 그러나 자기의 일을 잠시 잊어버리고 남의 장점을 생각하면 어떨까. 타인의 장점을 알게 되면 값싼 아첨 따위는 쓰지 않아도 될 것이다.

에머슨은 또한 이렇게 말한다.

"어떤 인간이든 나보다 뛰어난 점을 갖고 있다."

에머슨 같은 사상가도 이러한데, 하물며 우리와 같은 평범한 사람들은 타인의 장점에서 얼마나 배울 것이 많겠는가? 그렇게 되면 아첨 따위는 전혀 쓸모없는 것이 되어버린다.

거짓이 아닌 진심으로 칭찬을 하도록 하자. 칭찬을 한 당사자는 설혹 그 일을 잊는다 해도 상대는 그것을 마음깊이 간직하여 평생토록 기억할 것이다.

C 상대방을 사로잡는 커뮤니케이션 테크닉

: 청중에게 항상 경의와 애정을 표하라. 청중은 당신의 절대적인 심판관이다

말을 잘 하는데도 상대방이 당신의 의견에 동조하지 않거나 설득당하지 않는다면 혹시 당신이 그들을 하찮게 보는 건 아닌지 스스로 점검해봐야 한다. 인간은 누구나 자기 존중감이 강하기 때문에 자신을 무시하는 사람을 감지해내는 민감한 더듬이가 있음을 잊지 말아야 한다.

듣는 **입장**이 된다

**상대방의 이야기를 진지하게 열심히 듣는 것이
때로는 최고의 찬사가 될 수도 있다.**

상담에는 별다른 비결이 없다. 다만 상대의 이야기에 귀를 기울이는 것이 중요하다. 어떤 아첨도 이를 따르지 못한다. 이것은 구태여 학교에서 배우지 않아도 누구나 알고 있는 말이다. 그런데 비싼 점포를 빌려서 상품을 진열해놓고 막대한 광고비를 들여가며 가게 홍보에 열을 올리면서도, 성실히 듣는 귀를 가지지 못한 점원을 고용하는 상인은 얼마든지 있다. 즉 손님의 이야기를 중간에 잘라버리고, 자기 기분 내키는 행동하며 고객을 내쫓는 것과 같은 짓을 하는 점원들 말이다.

예를 들어보자. 한 고객이 어떤 백화점에서 옷을 한 벌 샀는데, 집에 와서 입어 보니 염색이 바래고 셔츠의 깃에 때가 묻어 있었다. 옷을 가지고 다시 매장으로 갔을 때마침 자신에게 물건을 판매한 점원이 있어서 사정을 이야기하려 했으나 상대는 말도 꺼내지 못하게 하였다.

"이 옷을 지금까지 몇 천 벌을 팔았습니다만, 다시 가지고 온 사람은 당신이 처음입니다."

이 점원의 말을 글로 표현하면 이렇지만 그 말투는, '거짓말 마. 내가 당신 같은 인간에게 속아 넘어갈 줄 알아?'라고 말하는 것과 다름이 없었다.

서로 밀고 당기고 하는 시비 도중에 다른 한 점원이 말했다.

"싼 것이 다 그렇지요. 염료가 나빠서 그럴 겁니다. 손님이 이해하셔야죠."

그 고객은 그때의 심정을 다음과 같이 말했다.

"나는 더 참을 수가 없었습니다. 처음의 점원은 나를 의심했고, 두번째 점원은 내가 마치 형편없는 싸구려 물건을 산 것처럼 말했습니다. 화가 잔뜩 나서 옷을 내동댕이치려고 하는데 마침 지배인이 왔습니다. 그는 지배인답게 요령껏 나를 달랬습니다. 나는 곧 만족스런 기분이 될 수 있었습니다."

지배인은 어떻게 그 고객을 달래주었던 것일까?

첫째, 그는 고객의 이야기를 처음부터 끝까지 말없이 들어주었다.

둘째, 그는 고객의 이야기가 끝나자 항의하려는 점원들을 만류하고 같은 고객의 입장에서 그들과 시비를 가렸다. 깃의 때 묻은 곳은 분명히 옷의 색깔이 변색되어 그렇다고 지적하였을 뿐만 아니라, 고객에게 만족을 줄 수 없는 그러한 물건은 앞으로 절대로 팔아서 안 된다고 타일렀다.

셋째, 그 옷에 결함이 있다는 것을 모르고 있었던 자기의 잘못을 솔직하게 사과하고, "이 옷을 어떻게 하시겠습니까? 우리는 당신이 원하는 대로 해드리겠습니다."라고 말했다. 고객은 지배인에게 이렇게 물었다.

"당신 생각엔 변색되는 것이 일시적인 현상입니까, 그렇지 않으면 더 심해지겠습니까?"

지배인은 일주일만 더 입어보면 어떻겠느냐고 권유하고 이렇게 덧붙였다.

"만약 그래도 마음에 들지 않으면 반품해주십시오. 맘에 드는 것과 바꿔드리겠습니다. 폐를 끼쳐 뭐라고 사과드릴 말이 없습니다."

고객은 아주 마음이 개운해져서 집으로 왔다. 일주일 후, 옷 색깔은 변하지 않았고 그 백화점에 대한 신뢰도 원상태로 회복되었다.

이 지배인은 책임자로서의 자격을 갖추고 있다. 그러나 그 점원들은 한평생 점원으로 끝날지도 모른다. 아니, 필경은 손님과 얼굴을 상대하지 않는 포장부로 배치될 것이다.

사소한 일에도 성미를 돋우어서 일을 크게 만드는 사람이 있다. 그러나 참을성 있게 상대의 얘기에 귀를 기울이는 사람, 상대가 아무리 코브라처럼 독을 품어도 조용히 끝까지 귀를 기울여주는 사람에 대해서는 대부분 유순해지는 법이다.

좋은 첫인상을 주는 데 실패하지 않는다

**대부분의 사람들이 자기 생각만 말하길 좋아하고,
남의 말을 경청하는 데는 인색한 편이다.**

언론인으로 유명한 아이삭 F. 마커슨은 사람들이 좋은 첫인상을 주는 데 실패하는 것은 대개의 경우 상대가 말하는 것을 듣지 않기 때문이라고 했다.

"자기가 말하려는 것만을 생각하고 있어서 귀가 텅 비어 있는 사람이 많다. 지체 높은 사람들은 대개 이야기를 잘하는 사람보다도 잘 듣는 사람을 좋아한다. 그러나 듣기 좋아하는 재능은 다른 재능보다도 훨씬 얻기가 어려운 것 같다."

그의 말대로 이야기를 잘 들어주는 상대에게 호감을 갖는 것이 반드시 지체가 높은 사람들에게만 해당되는 건 아니다.

대부분의 사람들이 자기 생각만 말하길 좋아하고, 남의 말을 경청하는 데는 인색한 편이다.

《리더스 다이제스트》에 언젠가 다음과 같은 기사가 실렸다.

C 세상에는 자기의 얘기를 들어달라고 의사를 부르는 환자가 있다. 링컨은 남북전쟁의 막바지에 고향인 스프링필드의 옛 친구에게 편지를 보내 워싱턴으로 와달라고 청했다. 중요한 문제에 관해서 상의를 하고 싶다는 것이었다.

그 친구가 백악관에 도착하자 링컨은 노예해방 선언을 발표하는 것이 과연 최선책인가를 고민하고 있다고 털어놓았다. 링컨은 그에게 어떤 사람은 해방에 반대하고 어떤 사람은 찬성하고 있다는 등의 이야기를 몇 시간 동안 들려주며 간간이 투서와 신문기사들을 읽었다.

자신의 이야기가 모두 끝나자 링컨은 친구의 의견은 한마디도 듣지 않고 다시 고향으로 돌려보냈다. 처음부터 끝까지 링컨은 혼자서 지껄였으나 마음만은 썩 흡족한 듯했다.

링컨에게는 다만 마음의 부담을 덜어주는 사람, 자기와 같은 마음이 되어 들어주는 사람이 필요했음에 틀림없다.

마음에 괴로움이 있을 때는 누구나 그렇다. 화를 내고 있는 손님, 불평을 품고 있는 고용인, 상심하고 있는 친구에게 가장 필요한 건 성실히 듣는 귀를 가진 사람이다.

타인에게 배척당하거나 경멸을 받고 싶으면, 다음의 조항을 지키는 것이 상책이다.

❶ 상대의 이야기를 결코 오래 듣지 말 것.

❷ 시종 자기의 이야기만 늘어놓을 것.

❸ 상대가 이야기를 하고 있을 때 자기 의견이 있으면 곧 상대의 말을 중단시킬 것.

❹ 상대는 머리 회전이 둔하니 그런 인간의 시시한 얘기를 끝까지 듣고 있을 필요는 없다. 이야기 도중에 언제라도 자기 말을 꺼낼 것.

실제로 세상에는 이러한 조항을 엄수하며 살아가는 듯한 사람들이 의외로 많이 있다. 그런 사람과는 정말 지루해서 잠시도 견딜 수가 없다. 자아도취에 빠져서 자기만 잘났다고 생각하는 사람들 중에 특히 이런 타입이 많다.

좋은 이야기꾼이 되려면 좋은 귀를 가져야 한다. 당신의 얘기 상대는 당신의 일에 대해서는 사실 별 관심이 없다. 이웃나라에서 백만 명이 굶어죽는 대기근이 일어나도 개개인에게는 자기의 치통이 훨씬 중요한 사건이다. 다른 사람과 이야기를 할 때는 이 점을 특히 유념해야 한다.

ⓒ 상대방을 사로잡는 커뮤니케이션 테크닉

: 미소를 잃지 말라

미소는 어떤 미사여구보다 사람의 마음을 움직이는 데 엄청난 위력을 가지고 있다. '웃는 얼굴에 침 못 뱉는다.'라는 속담이 있듯 미소는 상대의 마음을 사로잡는 데 큰 효과를 발휘한다. 따라서 많은 사람을 자신의 지지자로 만들고자 한다면 미소를 잃지 말아야 한다.

나의 태도에 상대방의 반응은 달라진다

당신이 얼굴을 찌푸리면 거울 속의 인물도 찌푸린 얼굴을 당신에게 보내고,
당신이 호통을 치면 거울 속의 인물도 당신에게 호통을 친다.

사람은 누구나 상대방의 태도에 반응함으로써 행동한다는 것은 심리학의 법칙이다. 이 법칙은 그 자체로서는 신비할 것이 하나도 없지만, 그것을 효과적으로 실행했을 때 얻을 수 있는 성과는 실로 놀랍다.

사람은 누구나 상황에 따라 적절한 행동을 취하길 원하고, 임기응변을 발휘하고 싶어 한다. 항상 눈앞에서 전개되고 있는 무대의 변화에 따라 각자의 인생살이를 연출하는 것이다. 다시 말해, 다른 사람들이 자신에 대해 품고 있다고 생각되는 의견에 맞추어 살아가려는 무의식적인 충동을 가지고 있다는 얘기다. 그런 한편, 자신이 다루기 어려운 상대방에게는 마음속으로 언제든지 두 주먹을 불끈 쥐고 다분히 적의를 지닌 채 대한다.

이와 같은 태도는 상대방에게도 그대로 작용된다. 마치 거울 앞에 서서 연기를 하는 것과 똑같다. 당신이 얼굴을 찌푸리면 거울 속의 인물도 찌푸린 얼굴을 당신에게 보내고, 당신이 호통을 치면 거울 속의 인물도 당신에게 호통을 친다.

그런데 이 심리학의 법칙이 얼마나 중요하고 신빙성이 있는지를 인식하고 있는 사람은 극히 드물다. 이것은 단순히 상대방이 그렇게 행동할 것이라는 식의 공리공론(空理空論)이 아니다. 이는 다른 자연의 법칙과 마찬가지로 냉정하고 공정하게 연구할 만한 가치가 있는 것이다.

목소리가 부드러우면 감정적인 대화로 흐르지 않는다

미국의 캐넌대학 언어연구회는 미국해군과의 공동 연구를 통해, 인간은 누군가로부터 호통을 당하면 그 상대방이 보지 않는 곳에서라도 호통을 되돌려 보내지 않고는 견디지 못하는 존재라는 사실을 확인했다.

전화를 이용해서 몇 가지 높낮이의 목소리로 간단한 질문을 한 결과, 전화를 받는 사람은 언제나 질문한 상대방과 똑같은 높낮이의 목소리로 대답을 한다는 사실이 밝혀졌다. 부드러운 질문에는 부드러운 대답이 되돌아오고, 거친 질문에는 거친 대답이 되돌아간 것이다.

이 실험에 의해서 판명된 놀라운 사실은, 수화기 저쪽에 있는 사람이 이쪽 사람 목소리의 높낮이에 영향을 받지 않는 경우는 거의 없었다는 점이다 – 수화기 저쪽 사람이 개인적으로 매우 흥분된 상태였을 경우에는 문제가 좀 다르겠지만 말이다. 어쨌든 중요한 것은 상대방의 반응은 이쪽 목소리의 크기와 부드러움에 정확하게 비례하여 말소리가 크고 거칠어지기도 하고, 작고 부드러워지기도 했다는 점이다.

이러한 심리학의 원칙을 잘 이용하면 다른 사람의 감정을 놀라울 정도로 쉽게 지배할 수가 있다.

일촉즉발의 긴장 상태에 빠져 있을 때는 의식적으로라도 목소리를 낮추어 부드럽게 얘기하라. 그렇게 하면 상대방도 따라서 목소리를 부드럽게 바꿀 것이다. 목소리가 부드러우면 대화가 감정적으로 흐르지 않게 된다. 그러나 상대방이 이미 화가 몹시 나 있는 상태라면, 이 방법도 효과가 없는 경우가 있다.

C 상대방을 사로잡는 커뮤니케이션 테크닉

: 그때 느꼈던 감정을 표현하지 않으면 상대방은 흥미를 느끼지 못한다

대화를 할 때, 이야기 속에 말하는 이의 흥분의 양이 많으면 많을수록 사람들의 관심은 높아진다. 정직하게 감정을 발산하라. 지나치게 흥분을 하는 것도 문제이지만 자연스럽게 흘러나오는 감정을 강제로 억누르는 것도 옳지 않다.

열의는 전염된다

상대방을 설득하려면 자기 자신이 먼저 열의를 가져라.
정면 공격보다 그 방법이 훨씬 효과적이다.

당신은 점원들이 무관심한 표정으로 판매대 주위에 모여 잡담을
하고 있는 상점에 들어가 본 적이 있을 것이다. 그리고 어떤 상품에
대해 물어보았을 때, 싫증난 표정으로 '글쎄, 모르겠는데요?'라는 대
답을 들은 경험이 있을 것이다.

이런 상황이라면, 당신뿐만 아니라 어떤 손님이라도 상품을 사지
않고 그 상점을 나와 버릴 것이다. 그 이유를 심리적으로 분석해보면
다음과 같다.

점원은 손님의 기분에 찬물을 끼얹었다. 상점에 들어갈 때까지만
하더라도 손님은 어떤 상품에 대해 관심을 가지고 있었을 것이다. 그
런데 점원이 불친절하게 대함으로써 그 관심을 제거한 꼴이 되어 버
렸다. 그 결과 손님은 '점원이 이처럼 성의가 없는데, 내가 굳이 여기

에서 상품을 사야 할 필요가 있을까?' 하는 생각을 하며 발걸음을 돌린 것이다.

사람의 행동을 지배할 수 있는 방법

상대방에게 열의(熱意)를 갖도록 하려면, 당신이 먼저 열의를 보여주도록 하라. 열의는 그 어떤 질병보다도 전염력이 강하다. 무관심이나 무성의도 역시 마찬가지이다.

C 얼마 전, 한 고객이 새로 나온 릴낚싯대를 사기 위해서 큰 백화점의 낚시 코너를 찾아간 적이 있었다. 그는 낚시를 뛰어나게 잘하지는 못하지만, 새로운 릴낚싯대에 많은 관심을 가지고 있었다.

그런데 그의 관심은 점원의 무관심한 태도로 인하여 산산이 부서지고 말았다.

"이 릴이 소문대로 정말 좋습니까?"

"그럴 겁니다. 사람에 따라 다르긴 합니다만….”

"당신은 어떻게 생각하시나요?"

"글쎄요, 저는 릴에 대해서 잘 모릅니다.”

낚시코너 점원이 릴에 대해서 잘 모르다니? 그는 은근히 짜증이 나기 시작했다.

"많이 팔립니까?"

"그런 편이죠. 그런데 이걸 산 사람들은 대개가 초보자인 것 같더군요."

결국 그는 그대로 백화점을 나와 버리고 말았다.

"참 이상한 사람도 다 있군. 웬만하면 샀을 텐데…."

그로부터 몇 주일이 지난 뒤, 우연히 낚시로 주말을 보낼 수 있는 기회가 생겼다. 그는 작은 낚시가게로 들어가 릴을 사고 싶다고 말했다.

"물론 이걸 원하시겠죠?"

계산대 저쪽에서 노인이 말했다. 노인은 먼젓번 그가 백화점에서 사려했던 그 릴을 내밀었다.

"글쎄요, 이건 초보자용이 아닌가요?"

그러자 노인은 놀란 표정으로 말했다.

"선생님, 이 릴낚싯대를 초보자용이라고 말하는 사람은 아무도 없습니다."

이어서 그 릴의 장점에 대하여 상세하게 설명해 주었다. 그는 노인의 열의에 감동하고 말았다. 노인은 수완으로는 메달을 따지 못하겠지만, 낚시에 대해서만큼은 누구보다도 대단한 열의를 가지고 있었다.

"그래요? 그러면 이것으로 주세요."

그는 그 릴을 살 수밖에 없었다.

이 예에서 당신은 사람의 행동을 지배할 수 있는 또 하나의 방법을 알아냈을 것이다. 그것은 자기 자신이 열중하지 않고서는 다른 사람에게 아무것도 팔지 못한다는 사실이다.

한 청년이 스물아홉 살이 되도록 역경에서 헤어나지 못하고 있었다. 세일즈맨인 그는 초창기에 거의 식생활도 해결하지 못할 만큼 고난을 겪었다.

이윽고 그는 깊이 깨달은 바 있어, 상대방을 설득하기 전에 자기 자신이 먼저 열의를 가지려고 노력했다. 정면 공격보다 그 방법이 훨씬 효과적이라는 사실은 금세 판명되었다. 그가 열의를 가짐에 따라 고객들도 따라서 열의를 갖게 되어, 그는 미국에서도 손꼽히는 세일즈맨이 될 수 있었다.

그가 바로《세일즈 성공법》을 쓴 프랭크 베트거이다.

C 상대방을 사로잡는 커뮤니케이션 테크닉

: 나에게 적합한 화제는 신념과 열의로 자신의 의견을 고수할 수 있는 테마이다

어떤 주제에 대해서 많은 시간과 노력을 기울인 사람은 그 문제를 논할 자격이 있다. 하지만 주제에 대해 잘 알고 있다 해도 그에 대한 확실한 입장을 고수할 수 있는 자신의 소견이 없다면 적합한 화제라고 할 수 없다. 따라서 사람들의 마음을 사로잡는 화술을 구사하고 싶다면 잘 알면서 신념과 열의를 가지고 자신의 입장을 고수할 수 있는 화제를 찾아야 한다.

자신감은 새로운 자신감을 부른다

**실패했다고 해서 좌절하지 마라.
세일즈맨의 자신 있는 태도는 은행 예금과 똑같은 것이다.**

자기가 열의를 가짐으로써 다른 사람에게도 열의를 갖게 할 수 있는 것과 마찬가지로, 자기가 자신감을 갖고 행동하면 다른 사람들로부터 신뢰를 받게 된다.

평범한 사람이 뛰어난 재능을 가진 사람보다 성공한 예는 얼마든지 있다. 그것은 그들이 자신감을 가지고 행동했기 때문이었다. 인류의 위대한 지도자들은 누구나 자신감 있는 행동의 중요성을 잘 인식하고 있었다.

나폴레옹은…

나폴레옹은 다른 면에서는 별로 인간관계의 좋은 표본을 보여주었다고 말하기는 결코 어렵겠지만, 자신감 있는 태도의 필요성을 누구보다도 잘 알고 있었으며, 그것을 최대한 효과적으로 이용한 인물이었다.

전쟁에서 패한 후, 프랑스군이 그를 체포하기 위해 달려왔을 때 그는 몸을 피해 숨으려 하지도 않고 도망치지도 않았다. 그는 대담하게 그들을 맞이했다. 그리고 한 사람의 지배자로서 그들을 이끌고 재기할 수 있었다.

콘드라 힐튼은…

젊은 시절의 콘드라 힐튼은 돈보다 훨씬 더 중요한 믿음을 가지고 있었다.

그 믿음은 실제로 그가 지니고 있는 자신감과 똑같은 정도의 자신감을 다른 사람에게도 불어넣는 힘이 되었다. 어떤 시련이 닥쳐와도 힐튼은 절망하거나 굴복하지 않았다.

이러한 그의 태도는 다른 사람들로 하여금 '힐튼은 절대로 실패하지 않는다.'는 믿음을 갖게 만들었다. 그는 자신의 자신감을 그들에게 불어넣었다. 마치 마법처럼.

힐튼이 최초로 소유한 일류 호텔은 불과 5만 달러도 안 되는 자기 자본으로 만든 것이었다.

그가 호텔의 설계도를 그리고 있을 때, 한 번은 그의 어머니가 찾아와서 무엇을 하고 있느냐고 물었다. 그는 큰 호텔을 설계하고 있다고 자신 있게 대답했다. 어머니가 그런 아들이 걱정이 되어 다시 물었다.

"돈은 어디에서 나오느냐?"

힐튼은 자기 머리를 가리키며 대답했다.

"여기에서요."

얼마 후 그는 자신을 도와줄 수 있는 자금원들을 설득해 약 50만 달러의 자본금을 모으는 데 성공했다. 그런데 건축가들은 그가 설계한 호텔을 세우려면 적어도 1백만 달러의 비용이 들 것이라고 말했다. 그는 조금도 주저하지 않고, 설계도대로 호텔을 지어달라고 말했다.

힐튼은 호텔 건설을 시작했다. 그러나 준공할 때까지 들어가야 할 돈을 어떻게 조달할 것이냐에 대해서는 아무런 대책도 없는 상태였다. 그런데도 그는 1백만 달러짜리 호텔을 건축 중이라고 호언장담하며, 무슨 일이 있어도 기필코 완성시키고 말겠다는 자신감에 넘쳐 있었다.

그 결과 사람들은 '힐튼이라면 해낼 수 있다.'고 믿고 필요한 돈을 투자했다.

헨리 포드와 록펠러는…

헨리 포드는 회사 창설 당시 무엇보다 자금 조달에 무척이나 애를 먹고 있었다.

그러나 그는 언제나 가능한 한 많은 현금을 자기 책상 위에 놓아두고, 투자자나 채권자들이 몰려올 때마다 그 돈다발을 보여주곤 하였다.

채권자들에게 여러 차례 시달림을 당하기도 했지만, 그때마다 자기에게는 실패란 있을 수 없으며 반드시 성공한다는 신념에 넘치는 태도를 보여주었다.

록펠러 또한 이와 비슷한 방법을 사용했다. 채권자가 찾아와서 넌지시 원금을 갚아달라고 말하면, 록펠러는 즉시 수표장을 꺼내들고, 당당하게 물었다.

"좋습니다. 현금입니까, 아니면 스탠다드석유회사의 주식입니까?"

그의 태도가 너무나 냉정하고 자신감에 넘쳐나고 있었기 때문에, 대부분의 사람들은 주저하지 않고 현금 대신 주식을 받아가는 것을 택했다.

그리고 나중에 그들은 자신들의 선택이 현명했음을 직접 확인할 수 있었다.

봄 베일은…

유명한 '봄 베일 개성개발학교'의 창립자인 봄 베일은 자신감에 넘치는 태도는 그 사람의 개성을 더욱 매력적이고 활기 있게 해주는 힘의 원천이라고 말한다.

"자기가 무엇을 얘기하고 있는지, 자기가 무엇을 바라고 있는지도 잘 모르는 듯한 태도를 취하는 우유부단하고 나약한 인간을 좋아하는 사람은 아무도 없습니다. 인간은 자기가 바라는 바를 확실히 알고 있고, 또 그것을 달성하기 위해 노력하는 사람을 본능적으로 좋아하게 마련입니다."

그의 이야기는 계속된다.

"우리는 자신감이 없는 사람이나, 실패했다고 해서 좌절하는 인간을 싫어합니다. 사람들로 하여금 자기를 좋아하게 하려면, 틀림없이 성공하고 말 것이라는 확신을 심어 주어야 합니다. 목표를 정하고, 그것을 향해 꾸준히 나아가고 있다는 자세를 보여 주어야 한다는 얘기입니다. 그것이 바로 그의 개성입니다. 자신감 있는 태도를 취함으로써 자신의 인격을 완전히 개조한 사람들을 나는 많이 알고 있습니다."

당신은 자신만의 독특한 개성을 계발해내고 있는가?

ⓒ 상대방을 사로잡는 커뮤니케이션 테크닉

: 민감한 화제를 거론하지 않는다

정치, 종교 등 논쟁을 일으킬 수 있는 민감한 화제를 언급하는 것은 좋지 않다. 상대의 성향을 파악하는 데 어느 정도 도움이 되지만 자칫 큰 갈등으로 번질 수 있다.

사소한 것에서 **본성**을 알 수 있다

걸음걸이나 악수하는 방법, 목소리 등 상대방의 사소한 행동이나 태도를 통해서
그 성격을 어느 정도는 알아낼 수 있다. 그러므로 항상 자신감 있는 태도를 견지하라.

다른 사람의 마음을 속속들이 다 들여다볼 수는 없지만, 상대방의
사소한 행동이나 태도를 통해서 그 성격을 어느 정도는 알아낼 수가
있다.

실제로 우리는 무의식중에 나타나는 상대방의 태도나 말씨를 보
고 그를 평가하고 있지 않은가?

걸음걸이

육체의 움직임은 그 사람의 정신 상태를 나타낸다.

어깨를 움츠리고 구부정한 자세로 걸어가는 사람을 보면, 그가 힘
에 겹도록 무거운 짐을 지고 가는 듯한 생각이 든다. 실제로 그는 실

의와 절망이라는 무거운 짐을 지고 있는지도 모른다. 사람의 마음을 무거운 것이 짓누르고 있으면, 몸도 자연히 같은 자세를 취하게 되기 때문이다.

또 고개를 숙인 채 묵묵히 걸어가는 사람을 보면, 그가 무슨 일인가를 비관하고 있다는 생각이 든다.

마음이 약한 사람은 불안하고 초조하기 때문에 걸음걸이조차 그렇게 되기가 쉽다.

그러나 자신감에 넘치는 사람은 어깨를 펴고 똑바로 앞을 바라보며 당당하게 걸어간다.

악수

부엌의 행주처럼 힘없이 악수를 하는 사람은 자신감이 결여되어 있는 사람이다. 이런 사람은 설사 남에게 잘 보이기 위하여 억지로 힘이 있는 것처럼 행동하려 해도, 그게 허세라는 사실이 금방 드러나고 만다.

반대로 뼈가 으스러질 정도로 힘차게 악수하는 사람은 자신감이 없다는 사실을 감추기 위해서 그러는 경우가 많다. 그러므로 악수를 할 때는 항상 강한 힘이 들어 있으면서도 상대가 아픔을 느끼지 않을 정도로 하라.

악수를 할 때는 '나는 자신감이 있습니다. 모든 것을 명확하게 판단하지요.'라는 뜻을 전달할 수 있는 악수라야 한다.

목소리

목소리는 가장 발달된 의사전달 수단일 뿐만 아니라 그 사람의 감정을 그대로 드러내기 때문에 인간의 본성을 가장 잘 나타내주는 매개체라고 할 수 있다.

당신의 목소리를 잘 들어보라.

절망을 나타내고 있는가? 용기를 나타내고 있는가? 당신 자신도 모르는 사이에 처량한 목소리를 내는 버릇은 없는가?

자신감이 넘쳐나는 당당한 목소리인가, 아니면 자신감을 잃은 기운 없는 목소리인가?

C 상대방을 사로잡는 커뮤니케이션 테크닉

: 전문적인 이야기를 할 때는 평소보다 몇 배 주의를 기울여 이야기해야 한다

전문직에 종사하는 사람일수록 남보다 몇 배의 주의를 기울여 말을 해야 한다. 상대를 염두에 두지 않은 채 전문용어를 남발하면 돌이킬 수 없는 실수를 저지를 수 있다. 그러나 부득의하게 전문용어를 써야 할 경우가 있다. 전문용어를 다른 말로 대체하기가 어려울 때는 그 용어의 의미를 누구나 납득할 수 있도록 쉽게 설명해야 한다.

상대방의 **능력을 키워줘라**

**상대방을 신뢰하도록 하라. '나는 너를 믿고 있다.'라는 뜻을 심어주면,
상대방도 그 신뢰에 보답하려고 노력할 것이다.**

상대방을 향상시키는 방법으로 위협과 책망, 또는 설교를 선택하는 사람이 있는데, 이와 같은 방법들은 전혀 효과가 없다. 오히려 사태를 더욱 악화시킬 뿐이다.

책망을 듣거나 꾸중을 당한 사람은 '다른 사람의 의견에 맞추어 주어진 역할을 연출한다.'는 인간성의 기본 원칙에 따라 상대방이 예상하고 있는 대로 행동할 것이다. 즉, 상대방의 견해를 반박하지 않으려고 의식적으로 노력한다는 얘기다. 그래가지고는 전혀 발전을 기대할 수 없다.

대인관계의 달인이었던 영국의 윈스턴 처칠은 '상대방에게 어떤 장점을 지니게 하고 싶거든, 그에게 그 장점을 떠맡겨야 한다.'고 말했다.

그러므로 상대방을 신뢰하도록 하라. 상대방에게 '나는 너를 믿고 있다.'라는 뜻을 심어주면, 상대방도 그 신뢰에 보답하려고 노력할 것이다.

에머슨은 일찍이 이런 말을 했다.

"상대방을 믿으라. 그러면 그도 당신에게 틀림없이 진실을 보여줄 것이다."

당신도 이와 같은 방법을 실행해보라. 틀림없이 효과가 있을 것이다.

인간성의 기본 원칙을 활용하라

남녀노소를 불문하고 완전한 선인도 없고, 완전한 악인도 없다. 인간의 개성은 제각각 다를 뿐만 아니라, 어떤 일정한 정형이 있는 것도 아니다.

우리가 상대방에게서 인식한 것은 그의 여러 가지 개성 중 한 가지에 불과하다. 그러므로 아무개는 지독한 구두쇠라고 다른 사람이 말했다고 해서 당신도 그런 선입관을 가져서는 안 된다. 인간성의 기본 원칙을 활용하면, 구두쇠라고 소문난 사람에게서 아주 색다른 장점을 발견할 수도 있을 것이다.

만일 이웃 사람에게 '이 잔디밭을 괭이로 좀 파주지 않겠나?'라고 말한다면, 아마 그는 콧방귀를 뀔지도 모른다. 그러나 '이거 야단났군. 잔디가 잘 자라도록 하는 요령을 모르겠단 말이야. 무슨 묘안이 없을까?' 하고 말하면, 그는 틀림없이 달려와서 당신 손에 든 괭이를 빼앗아 들며 '이렇게 하면 되는 거야.'라고 흔쾌히 조언을 해줄 것이다.

후자의 방법은 인간성의 기본 원칙에 따른 것이다. 이것을 심리학적으로 분석하면, 이웃 사람은 당신의 일을 도와주고 싶되, 두뇌와 육체의 힘을 함께 요구하는 일이 아니면 전력을 기울여 협력해 줄 수 없다는 뜻이다.

인간은 두뇌를 함께 사용하지 않는 한, 육체의 힘을 100퍼센트 발휘하지 못한다. 그만큼 두뇌와 육체는 불가분의 관계에 있는 것이다. 자신들의 의견이 충실히 반영되는 작업장에서 일하는 노동자와 그렇지 않은 작업장에서 일하는 노동자 사이에 엄청난 작업 능률의 차이가 나타나는 것이 이 사실을 입증하고 있다.

C 상대방을 사로잡는 커뮤니케이션 테크닉

: 자연스럽게 이야기를 이끌어가고 싶다면 상대방에게 질문하고 답하게 하라

자연스럽게 말하는 것에 어려움을 느낀다면 청중들에게 혹은 자신에게 질문하고 대답을 요구하라. 간단해 보이는 이 방법이 당신의 말을 얼마나 자유롭게 하는지 경험하게 될 것이다.

• 시각적인 표현을 기르는 방법 •

• 특수한 개념을 사용한다

가령 개에 대해 이야기한다면 단순히 일반적인 개념의 개라고 표현하는 것이 아니라 코거, 스파니엘, 셰퍼드 등 개의 종류를 정확히 밝힌다. 여기에 구체적으로 '검은 털을 가진 셔틀런드 원산의 포니'라고 한다면 훨씬 선명한 영상을 떠올리게 할 수 있다. 또한 추상적인 용어는 삼간다.

• 미세한 점까지 속속들이 묘사한다

가령 개미에 대해서 이야기를 한다면 개미의 몸통부터 다리, 심지어 더듬이까지 속속들이 묘사를 해야 사람들은 뚜렷한 영상을 떠올린다.

• 고유명사, 숫자, 날짜 등을 넣는다

졸업식에 대해 이야기를 한다면 어느 학교를 몇 년도에 몇 명이 졸업을 했는지를 밝히는 것이 사람들이 상상을 하는 데 훨씬 도움이 된다.

PART 5

논쟁에서 이기는 비법

냉정하게 **사실**만을 **이야기**하라

**과학적인 방법으로 논쟁에서 이기려면 우리가 보통 자연스럽게 사용하고 있는 것과
반대의 방법을 쓰면 된다.**

인간은 상반된 의견이나 생각에 마주치게 되면, 반대 의견을 펴고
자 하는 충동이 자연스럽게 일어나게 된다. 이런 경우는 어느 야구팀
이 가장 강하느냐 하는 사소한 문제에서부터, UN에서 각국의 정치
가들이 토의해야 할 중대한 성질의 문제, 또는 인간의 본질을 다루는
철학적 문제에 이르기까지 다양한 분야에서 이루 헤아릴 수 없이 많
다고 할 수 있다.

그러나 불행하게도 이러한 자연적인 충동, 즉 상대방의 의견에 반
대를 하고자 하는 충동은 곧 상대방을 굴복시키려는 충동에 다름 아
니다.

당신의 의견과 상반되는 의견을 말하는 사람에게 다시 반대 의견
을 펴서 그를 꼼짝 못하게 해주고 싶은 것은 물론 자연스런 충동이

다. 그런데 이때 당신이 진정으로 바라는 것은, 단순히 상대방을 굴복시키는 것이 아니라, 그를 납득시켜 당신의 의견에 따르게 하는 것이다.

어떤 사람이 당신의 의견에 반대하고 나서면, 당신은 그것을 당신의 자아에 대한 모욕이나 위협이라고 생각한다. 그래서 적의를 품고 상대방에게 덤벼들며 소리를 지르고 위협하고 창피를 주면서까지 당신의 의견에 강제로 굴복시키려 한다. 당신의 이유나 주장은 모두 정당한 것으로 생각하고, 상대방의 이유나 주장은 하잘것없는 것으로 생각하는 것이다.

그러나 이와 같은 방법으로는 절대로 상대방을 이기지 못한다. 상대방을 이기는 유일한 방법은, 그의 생각을 바꾸어 당신의 의견에 따르게 하는 것뿐이다.

위협하거나 잔꾀를 부리지 마라

'논쟁에는 승자가 없다.'는 속담은, 논쟁을 이웃이나 자아와의 싸움으로 보았을 때 진리가 아닐 수 없다.

그런데 실제로 상대방을 당신의 의견에 따르게 하는 방법이 있다. 과학적인 방법으로 논쟁에서 이기려면 우리가 보통 자연스럽게 사용하고 있는 것과 반대의 방법을 쓰면 된다.

다음은 〈사이언스 다이제스트〉지에서 발췌한 것이다.

C 모든 의사들이 조기 치료의 필요성을 그만큼 경고하고 있는데도 불구하고 많은 암환자들이 뒤늦게까지 치료를 방치해두는 것은 무엇 때문인가?

이는 심한 공포를 불러일으키거나 위협을 느끼게 하는 호소는 사람들의 의견이나 행위를 바꾸는 데 아무런 효과가 없기 때문이다. 이와 같은 사실은 예일 대학에 재직하는 세 명의 심리학자들이 실시한 25가지 실험에 의하여 밝혀졌다.

칼 호브랜드, 어빙 제니스, 헤럴드 캐리, 이들 세 명의 심리학자들은 자기의 의견을 상대방으로 하여금 받아들이게 하는 가장 좋은 방법은 압력을 약화시키는 테크닉, 즉 사실을 냉정하게 설명하는 것이라는 결론을 내렸다. 이는 위협하거나 잔꾀를 부려서는 좀처럼 상대방을 진심으로 설득하지 못한다는 뜻이기도 하다.

그들은 학생들을 세 그룹으로 나누어, 치아의 위생에 대한 강의를 각각 15분씩 실시했다.

첫번째 그룹에게는 치아의 위생을 소홀히 함으로써 일어나는 충치, 치근의 화농, 암의 유발 등에 관한 위험에 대하여 설명한 다음 구강 위생에 힘써야 한다고 호소했다.

그리고 두 번째 그룹에게는 치아의 위생을 소홀히 함으로써 생기는 위험에 대하여 언급하기는 했지만, 온건한 방법으로 실례를 들어 설명했다.

마지막으로 세 번째 그룹에게는 치아의 위생을 소홀히 함으로써 생기는 위험에 대해서는 전혀 언급하지 않고, 단순한 지식만을 정확하게 강의했다.

일주일 후에 세 명의 심리학자들은 어떤 그룹의 학생들이 지난번 강의를 가장 잘 실행하고 있는가를 조사했다. 그 결과 세 번째 그룹의 학생들이 위협적인 호소를 받은 첫째와 둘째 그룹의 학생들보다 강의에서 배운 것을 훨씬 더 잘 실행하고 있다는 사실이 판명되었다.

그들은 또한 학생들을 대상으로 정치 논쟁이나 그 밖의 다른 여러 가지 실험을 하기도 했는데, 매번 그 결과는 똑같았다. 결국 학생들은 상대방이 큰 소리로 열변을 토하는 경우보다 냉정하게 사실을 제시하는 경우에 더 많이 자기의 의견을 바꾼다는 사실이 증명된 것이다.

◯ 상대방을 사로잡는 커뮤니케이션 테크닉

: 한 가지만 선택해서 이야기하라

지금 당신의 머릿속에 하고 싶은 이야기가 수없이 많더라도 한 가지만 선택해서 이야기하라. 이때 구체적인 예를 들어 생생하게 그때의 상황을 재현시켜 듣는 사람이 절실하게 느낄 수 있도록 만들어야 한다. 말을 잘 하고 잘 하지 못하고는 얼마나 많은 정보를 전달하느냐가 아니라 한 가지 이야기를 얼마나 생생하게 재현하느냐에 따라 좌우된다.

상대방을 누르려 하지 말라

**직업적인 토론가들이 호별방문을 하는 세일즈맨들보다
상대방을 자기의 의견에 따르게 하는 데 훨씬 서툴다는 것은 무엇을 의미하는 것일까.**

논쟁에 대하여 이제까지 실시된 조사 중에서 가장 완벽한 것은 뉴욕대학 변론학부의 알빈 버츠와 리처드 보딘 두 교수가 실시한 조사라고 말할 수 있다.

그들은 7년이라는 기간에 걸쳐서 1만 건이나 되는 실제의 논쟁을 조사했다.

수많은 부부싸움을 비롯하여 택시운전사 간의 크고 작은 논쟁들, 그리고 백화점이나 기업체의 협력을 얻어 점원들과 세일즈맨들의 논쟁들을 폭넓게 조사했다. 그들은 또 UN의 토론에 대해서도 조사했다.

이렇게 하여 그들은 누가, 어떻게 하여 논쟁에서 이겼는가를 철저히 기록해 나갔다.

그 결과, 그들은 내로라하는 정치가나 UN의 각국 대표들과 같은 직업적인 토론자들이 호별방문을 하는 세일즈맨들보다 상대방을 자기의 의견에 따르게 하는 데 훨씬 서툴다는 흥미 있는 결론을 내리게 되었다.

그 가장 큰 원인은, 직업적인 토론자들은 자신과 반대되는 의견을 누르고 그 결점을 폭로하는 데에만 열을 올리는 것에 비해, 세일즈맨들은 고객을 자기 의견에 따르도록 하기 위해 성실하게 노력하기 때문이었다.

C 상대방을 사로잡는 커뮤니케이션 테크닉

: 항상 말할 수 있는 마음의 준비를 해야 한다

말을 잘 하는 능력을 충분히 갖췄다고 하더라도 완전하게 무방비 상태에서 말을 해야 하는 상황이 닥치면 당황하기 때문이다. 그렇다면 어떻게 마음의 준비를 해야 할까? 그 장소에 가장 적합한 화제를 찾고, 화제의 핵심이 무엇인지 생각을 정리해두면 된다.

인간성에 호소하라

> 자기 방위는 인간이 지니고 있는 가장 강한 본능 중의 하나이다.
> 자기 방위 본능은 육체뿐만 아니라 자아를 지킬 때도 작용한다.

당신이 진정으로 사람들을 움직이게 하는 힘을 가지고 싶다면, 상대방의 인간성에 호소해보라.

만일 당신이 어떤 사람에게 '당신의 생각은 참으로 어리석기 짝이 없군요'라고 말을 한다면, 그는 당신의 비웃음으로 인해 상처받은 자존심을 회복하기 위해서라도 자신의 생각을 끝까지 고수하려고 할 것이다.

그렇다고 해서 이를 위해 위협을 하거나 강요를 한다면 그는 아마도 마음의 문을 더욱 굳게 닫아 걸고, 설사 당신의 생각이나 의도하는 바가 아무리 좋다고 할지라도 의도적으로 이를 받아들이려고 하지 않을 것이다.

자기 방위는 인간이 지니고 있는 가장 강한 본능 중의 하나라고 말할 수 있다.

자기 방위 본능은 비단 육체뿐만이 아니라 자아를 지킬 때도 작용을 하는 법이다.

그러므로 당신은 상대방의 진실한 인간성을 제대로 파악하고, 이에 따르는 상대방의 생각에 항상 주의를 기울일 줄 알아야 하는 것이다.

C 상대방을 사로잡는 커뮤니케이션 테크닉

: 말에 솔직한 자신을 담아 표현하라

사람들은 당신의 솔직한 모습에 실망하지 않는다. 오히려 호감을 느끼며 적극적으로 호응한다. 그렇다고 어설픈 비유, 단조로운 말투, 거친 표현까지 상대방이 너그럽게 용서한다고 착각해서는 안 된다. 여기서 자연스러운 화술을 구사하라는 것은 '생각나는 대로 말하라'는 것이 아니라 '말에 솔직한 자신을 담아 표현하라'는 것이다.

상대방의 잠재의식을 자극하라

**상대방의 잠재의식 문턱에는 항상 그의 자아가 문지기처럼 버티고 서 있다.
그러므로 그의 자아에 경계심을 불어넣지 말라.**

당신이 당신의 생각을 상대방에게 납득시키려고 노력한다는 것은, 곧 상대방의 잠재의식을 움직이려 한다는 뜻이다. 그러므로 상대방의 잠재의식이 당신의 의견을 받아들이지 않는 한, 당신은 결코 당신의 생각을 상대방으로 하여금 액면 그대로 받아들이게 할 수가 없는 것이다.

'마음에 젖어들지 않는 방법으로는 상대방의 의견을 바꾸어놓지 못한다.'는 말이 있다. 이것은 의식적으로는 그의 의견을 받아들여도 잠재의식이 이를 받아들이지 않는 경우를 가리키는 말이다. 이런 경우 상대방은 겉으로는 당신의 의견에 찬성할지 모르지만 마음속으로는 납득하고 있지 못하는 것이며, 따라서 당신의 의견을 따르는 행동을 하지 않게 되는 것이다.

여러 심리학자들에 의하면, 상대방의 잠재의식으로 하여금 당신의 의견을 받아들이게 하는 방법은 오직 한 가지밖에 없다고 한다. 그것은 바로 '암시'에 의한 방법이다.

심리학자들의 연구 결과, 상대방의 잠재의식에 이쪽의 생각을 억지로 집어넣으려고 하면 할수록 이에 대한 저항은 커진다는 사실이 판명되었다. 그것은 자기 방위 본능이 작용하기 때문이다. 그래서 심리학자들은 상대방의 잠재의식 속에 이쪽의 생각을 은근히 스며들게 하는 테크닉을 사용한다.

"너는 그것을 할 수 없어!"

누구나 이런 말을 듣게 되면, 어떤 일이 있어도 그것을 해보이고 말겠다는 반항적인 충동을 느끼게 마련이다. 반면 '너는 이것을 꼭 해야 해!'라는 말을 들으면, '흥! 그까짓 일을 내가 왜 해!' 하는 충동을 느끼게 마련이다.

토론에서 이기느냐 지느냐는, 상대방의 잠재의식 속으로 당신의 생각을 얼마만큼 스며들게 하느냐에 따라 결정된다. 상대방의 잠재의식 문턱에는 항상 그의 자아가 문지기처럼 버티고 서 있다. 그러므로 만일 그의 자아에 경계심을 불어넣으면 당신의 생각을 그의 잠재의식 속으로 들여보내는 일은 불가능하게 된다. 이것은 매우 중요한 사실이다.

상대방에게 자신의 **의견을 말하게** 하라

**설득력이 뛰어난 사람은 상대방으로 하여금 자기의 의견을 충분히 말하게 한다.
그것만으로도 상대방의 적대적인 감정은 한결 수그러든다.**

상대방에게 자신의 의견을 말하게 하라. 그리고 중간에 말을 가로막지 말고 끝까지 주의를 기울여 들어라.

만일 말하는 도중에 거절당하거나 방해를 받으면 상대방은 자존심에 상처를 받을 뿐 아니라, 심리학자들이 말하는 '정신경화증'에 걸리고 만다.

가슴에 답답한 그 무엇인가를 지니고 있는 사람은 그것을 다 털어놓지 않으면 정신경화 증상이 나타나게 마련이다. 그들은 자기의 얘기가 다 끝나기 전에는 다른 사람의 말 같은 건 귀에 들어오지도 않는다.

그러므로 상대방이 당신의 의견을 들어주기를 바란다면, 우선 상대방의 말에 귀를 기울여주어야만 한다.

되풀이해서 말하게 하라

설득력이 뛰어난 사람은 자기의 의견이 거부를 당하거나 누가 불만을 표시할 경우, 우선 상대방으로 하여금 말하고 싶은 것을 얘기하게 하고 그것을 끝까지 들어 준다. 그리고 한 걸음 더 나아가서 상대방의 의견 중 몇 가지를 되풀이해서 말해 달라고 부탁하고, 또 그 밖에 더 얘기하고 싶은 것은 없느냐고 묻는다. 이렇게 함으로써 상대방은 그가 자기의 의견에 관심을 가지고 있다는 사실을 확인하게 되는 것이다.

상대방에게 몇 가지 요점을 되풀이해서 말하게 하는 것은, 그가 몹시 화가 나 있을 때에도 효과가 있다. 단지 가슴에 쌓여 있는 답답함을 털어놓는 것만으로도 그의 적대 감정은 한결 약해지게 마련이기 때문이다.

ⓒ 상대방을 사로잡는 커뮤니케이션 테크닉

: 인사는 가장 간단하게 상대방의 마음을 사로잡을 수 있는 화술이다

때로는 화술에 능숙한 사람보다 평소 인사를 잘 하는 사람이 상대방을 효과적으로 설득할 수 있다. 그러므로 대화의 처음은 인사로 시작하라. 인사 한 마디가 당신이 내뱉은 수천 마디의 말보다 효과적일 수 있음을 잊어서는 안 된다.

대답하기 전에 잠깐 사이를 둔다

대답하기 전에 잠깐 사이를 두어라. 그러나 너무 오래 끌면
상대방은 당신이 대답을 회피하려 한다는 인상을 받게 될 것이다.

대화 도중에 상대방이 갑자기 질문을 하거든 잠깐 뜸을 들인 다음에 그에 대한 대답을 하라. 이 비결은 두드러진 의견 대립이 없는 대화에서도 효과가 있다. 상대방이 질문을 하거든 대답하기 전에 상대방을 주시하고, 잠깐 사이를 두게 되면 상대방은 자기의 말이 고려할 만한 가치가 있는 중요한 것으로 받아들여졌다고 생각할 것이다. 이때 그 시간은 아주 잠깐이어야 한다는 점을 잊지 말라. 만일 너무 오래 끌면 상대방은 당신이 대답을 회피하려 한다는 인상을 받게 된다.

특히 상대방에게 반대의 의견을 말해야만 할 경우 잠깐 동안 뜸을 들이는 일은 몹시 중요하다. 만일 그 즉시 '노'라고 대답한다면, 상대방은 자기의 의견이 일고의 가치도 없는 것으로 받아들여지고 있다는 느낌을 받게 되기 때문이다.

100퍼센트를 이기려고 생각하지 말라

아무래도 좋은 사소한 부분을 양보하면, 상대방은 본론으로 들어갔을 때
당신에게 양보를 해주게 마련이다.

사람들은 대개 토론을 시작하면 자기의 의견은 전부 옳고 상대방의 의견은 모두가 잘못임을 증명하려고 애쓴다. 그런데 설득력이 있는 사람들은 반드시 어느 시점에서 상대방에게 양보함으로써 의견의 일치점을 찾아낸다.

상대방이 주장하는 것을 인정하라. 특히 아무래도 좋은 사소한 부분을 양보하면, 상대방은 본론으로 들어갔을 때 당신에게 양보를 해주게 마련이다.

유능한 인사담당자는 종업원의 요청을 들어줄 수 없는 경우 반드시 그 이유를 설명해준다.

예를 들어 한 종업원을 다른 부서로 전속시켜야 할 경우, '자네는 내일부터 ××부로 전속이야.'라고 명령조로 말하지 않는다. 그 대신

왜 전속해야 하는지를 본인이 납득할 수 있도록 자세하고 친절하게 설명해준다.

'네, 그러나…'의 테크닉

내셔널벙커스생명보험회사의 사장이자 《여섯 시간으로 성공하는 법》의 저자이기도 한 피어스 브룩스 박사는 '네, 그러나…'의 테크닉을 적극 권장하고 있다.

예를 들면 다음과 같이 말하는 것이다.

"네, 그 점에 대해서는 저도 당연하다고 생각합니다. 그러나 이렇게 생각해보신 일은 없습니까?"

"네, 그렇게 생각을 하시는 이유는 충분히 알고도 남습니다. 그러나…."

"네, 확실히 당신의 말씀이 옳다고 생각합니다. 그러나…."

C 상대방을 사로잡는 커뮤니케이션 테크닉

: 이야기에 마음이 담겨 있어야 호응을 하고 공감을 한다

화제에 대해 아무리 많은 지식이 있고 현란한 수식어를 사용한다고 해도 마음이 실리지 않으면 그 말은 쓸모가 없다. 사람들에게 실망감만 안겨줄 뿐이다. 설사 유창한 화술로 한순간 사람들을 매혹시킬 수 있다 해도 마음이 담기지 않은 말은 여운을 주지 못한다.

자신의 생각을 부드럽고 정확하게 말하라

단정적이고 거만한 어조로 대한다면, 상대방은 그 즉시
적으로 돌아서버릴 것이다.

앞에서도 언급했지만, 사람들은 자기의 의견과 상반되면 그것을
억지로 상대방에게 납득시키려고 한다.

그러나 상대방의 생각을 바꾸려면, 위협이나 강압적인 방법보다
는 사실을 냉정하게 설명하는 것이 훨씬 효과적이라는 사실을 명심
하기 바란다.

사람들이 아직도 강압적인 방법을 사용하고 있는 이유는 그렇게
하는 것이 효과가 있는 것처럼 생각되기 때문이다. 그래서 상대방의
의견을 무시하고 그 잘못을 들추어내어 찍 소리도 못하게 몰아붙이
는 것이다. 그러고는 다른 사람들의 갈채를 받고 자기가 이겼다고 생
각한다.

벤저민 프랭클린은 자기의 의견을 다른 사람에게 잘 납득시킨 인

물로 유명하다.

그는 국가 간의 교섭에 있어서도 항상 큰 성공을 거두었다. 수많은 반대 의견을 극복하고 미합중국의 헌법을 완성시킨 것은 그의 공적 중 가장 위대한 것이라고 할 수 있다.

프랭클린은 일찍이 이렇게 말했다.

"상대방을 효과적으로 납득시키려면, 당신의 의견을 부드럽고 정확하게 말해야 한다. 그런 다음 '물론 내가 잘못인지도 모르지만….' 이라고 말하라. 그러면 상대방은 당신의 의견을 받아들이면서 당신에게 '확신을 가지십시오.'라고 말해줄 것이다. 그러나 단정적이고 거만한 어조로 대한다면, 그는 그 즉시 당신의 적으로 돌아서버릴 것이다."

ⓒ 상대방을 사로잡는 커뮤니케이션 테크닉

: 협상을 할 때 상대방을 설득하려면 이점을 제시해야 한다

상대방에게 미끼를 던지려면 한 발 양보하는 자세가 필요하다. 손해를 감수하지 않고 상대에게 이점을 제시할 수는 없기 때문이다. 그러나 이것은 진정한 손해가 아니다. 일정 부분 양보함으로써 얻어지는 이득이 크기 때문이다.

제삼자를 통하여 대변시켜라

기록이나 통계, 역사적 사실, 유명한 사람의 말 등은 모두 제삼자로 간주하고, 적절히 이용하도록 하라.

자기가 취급하는 사건의 재판에서 이기려는 법률가는 자신의 주장이 옳다는 걸 증명해줄 증인을 찾아 나선다. 그것은 그 사건과 직접적인 이해관계가 없는 제삼자가 '그 사건은 이리저리하여 일어났다.'고 말하는 편이 자기 입으로 말하는 것보다 훨씬 설득력이 있다는 사실을 잘 알고 있기 때문이다.

수완 좋은 세일즈맨은 고객이 준 감사장을 이용해 판매에 성공한다. 또한 공직(公職)의 입후보자는 유명한 단체나 저명인사의 보증을 얻는다. '나는 이번 선거에 입후보한 사람들 중에서 가장 정직하고 봉사 정신이 투철합니다.'라고 본인이 직접 말한다면 유권자들은 그 입후보자에게 의혹의 눈초리를 보낼 것이다.

또한 회사에서는 취업 희망자에게 제삼자의 추천서를 요구한다.

사람들은 자기 자신을 위하여 변명하는 인간을 이상하게 생각한다. 그리고 본인의 입으로 말하는 것보다 제삼자의 입을 통하는 것이 상대방의 자존심을 훨씬 덜 자극하게 된다.

기록이나 통계, 역사적 사실, 유명한 사람의 말 등은 모두 제삼자로 간주하고, 그것들을 적절히 이용하도록 하라. 예를 들어 당신의 아내는 새집의 커튼을 전부 똑같은 색깔로 통일하려고 생각하는 반면, 당신은 몇 가지 다른 색깔을 생각하고 있다고 하자. 그런데 당신이 '커튼을 전부 똑같은 색깔로 통일하다니, 그건 시대에 뒤떨어진 감각이라구.'라고 말한다면, 이것은 분명 말다툼의 원인이 될 것이다.

그러나 대신 이렇게 말해보라.

"얼마 전에 라디오에서 유명한 인테리어 디자이너의 얘기를 들었는데, 그 사람 부부는 몇 가지 다른 색깔로 커튼을 했다는군. 커튼을 전부 똑같은 색깔로 하는 것은 획일화된 느낌 때문에 좋지 않대."

그러면 당신의 아내도 그처럼 반대하지는 않을 것이다. 이것은 제삼자의 말을 잘 이용한 예라고 할 수 있다.

C 상대방을 사로잡는 커뮤니케이션 테크닉

: 자유로운 말하기가 사람들의 마음을 사로잡는다

논리정연하고 통일성이 있다 해도 암기해서 말하는 것은 효과적인 화술이 아니다. 효과적인 화술의 궁극적인 목적은 상대방을 설득하는 것인데 암기해서 말하는 것은 호소력이 떨어지기 때문이다.

상대방의 **체면**을 세워주어라

**뛰어난 설득력을 가진 사람들은 상대방으로 하여금 원래의 의견을 번복하게 하고도
체면을 손상시키지 않는 방법을 터득하고 있다.**

상대방의 생각을 바꾸기 위해서 절대로 잊어서는 안 될 철칙이 있다. 상대방은 일단 자기의 생각을 표명한 이상 여간해서는 번복하지 않을 것이다. 만일 당신의 의견에 찬동한다면, 그것은 자기 생각이 잘못되었다는 것을 시인하는 것과 마찬가지이기 때문이다. 즉 당신의 의견에 반대하는 의견을 사람들 앞에서 공언한 뒤라면, 자기 의견을 번복한다는 것은 자기가 거짓말을 했다는 걸 시인하는 것과 같은 것이다. 그러나 뛰어난 설득력을 가진 사람들은 상대방으로 하여금 원래의 의견을 번복하게 하고도 체면을 손상시키지 않는 방법을 터득하고 있다. 만약 빠져나갈 방법이 없다면, 상대방은 자기 의견의 포로가 되어버리고 말 것이다. 여기에는 두 가지 방법이 있다.

첫째, 상대방이 그 사실에 대하여 충분히 알고 있지 못한 경우라면

'당신이 그때에는 그 일에 대해 잘 모르고 계셨기 때문에, 그렇게 생각하신 것도 무리가 아닙니다.'라고 말해주면서 그의 체면을 세워준다.

그 밖에 다음과 같은 말을 해줌으로써 그것에 대한 구실을 찾아준다.

"그런 경우라면 누구나 다 그렇게 생각할 것입니다."

"저도 처음에는 그렇게 생각했습니다만, 이 정보를 얻고서 전적으로 생각이 달라졌습니다."

둘째, 상대방이 그 잘못의 책임을 다른 사람에게 전가시킬 수 있는 방법을 시사한다. 예를 들어, 양복을 사간 손님이 아직 한 번도 입어보지 않았다면서 환불을 해줄 것을 요구했다고 치자. 그런데 점원이 자세히 살펴보니 드라이클리닝을 한 흔적이 있었다. 물론 점원은 손님에게 그 증거를 들이대면서 이야기가 다르지 않느냐고 말할 수도 있을 것이다. 손님이 '아직 한 번도 입어보지도 않았다.'라고 말했기 때문이다. 그러나 이 경우 현명한 점원이라면 손님에게 빠져나갈 구멍을 만들어줄 것이다.

"손님, 가족 중의 어느 분이 잘못해서 세탁소로 보낸 게 아닐까요? 저도 그런 경험이 있습니다. 글쎄, 제가 외출한 사이에 세탁소 사람이 왔는데, 옷장 속에 있는 다른 양복과 함께 새 양복을 내준 거예요. 손님도 혹시 그런 경우가 아닐까요?"

손님은 그 증거를 볼 것이다. 그리고 자기의 잘못을 깨달을 것이다. 그러나 문제는 없다. 현명한 점원이 난처한 입장에서 빠져나갈 수 있는 적당한 구실을 마련해주었으니까….

• 시각적인 보조수단을 사용하는 원칙 •

• 그림이나 도표 등을 사용하기 전에는 반드시 감춰둔다

그림이나 도표 등을 전시해놓고 이야기를 하면 사람들은 당신의 이야기보다 전시물에 관심을 둔다.

• 뒷자리에서도 보일 수 있을 만큼 크게 만든다

전시물이 잘 보이지 않으면 사람들의 흥미는 반감된다.

• 전시물은 모두가 볼 수 있도록 높이 붙인다

그림이나 도표 등을 크게 만들었다 하더라도 높게 붙이지 않으면 뒷사람들에게 보이지 않는다.

• 얘기할 때 전시물을 장시간 보지 않는다

지나치게 전시물을 쳐다보면 사람들의 집중력이 떨어진다. 의사 소통의 대상이 청중이라는 사실을 명심해야 한다.

- **전시물에 대한 설명이 끝나면 곧바로 치운다**

전시물을 그대로 방치한 채로 이야기를 진행하면 사람들의 관심이 분산된다.

- **칠판에 도표나 그림을 그릴 때는 재빨리 그린다**

사람들은 당신이 얼마나 그림을 잘 그리느냐를 보는 것이 아니기 때문에 생략할 것은 과감히 생략해야 한다. 그림이나 도표를 그리는 데 지나치게 시간을 할애하면 사람들의 집중력이 떨어진다.

PART 6

비판을 효과적으로 하는 방법

비판하기 전에 반드시 칭찬부터 하라

오래전부터 자네를 주시해왔기 때문에, 자네가 얼마나 노력하고 있는지 잘 알고 있다네.
그런데 마음에 좀 걸리는 게 있는데…

친절한 말이나 칭찬은 우호적인 분위기를 만들어주는 데 큰 효과가 있다. 그러므로 비판을 하기에 앞서 우선 상대방을 안심시켜야 한다.

단도직입적으로 비판을 당한 사람은 그 반동으로 자아를 지키려는 반응을 일으킨다. 이것은 자연적인 현상이다. 그러나 이미 방어 태세를 취한 인간의 마음은 결코 다른 사람의 충고나 의견을 받아들이려 하지 않는다. 반면 칭찬을 먼저 하고 하는 비판은 상대방의 마음을 열어준다.

"김 대리, 자네가 제출한 리포트는 참 잘되었더군. 확실히 중요한 점을 다 망라하고 있었어. 그런데 한 곳이…."

"오 과장, 당신은 입사한 이후 계속 우수한 실적을 올려왔어요. 그 노력에 대해서는 회사에서도 충분히 인정하고 있습니다. 그런데 당신도 틀림없이 이해해줄 거라고 생각하는데, 한 가지 개선했으면 하는 것이…."

"자네는 지금까지 오랜 기간 동안 정말로 좋은 거래처였네. 그런데…."

"오래전부터 자네를 주시해왔기 때문에, 나는 자네가 얼마나 노력하고 있는지 잘 알고 있다네. 그런데 마음에 좀 걸리는 게…."

이처럼 비판에 앞서 해주는 칭찬의 강점은 상대방으로 하여금 반발심이나 죄책감의 강도를 누그러뜨리고 더욱더 분발하게 하는 효력을 발휘한다는 데 있다.

칭찬으로 역사를 바꾸다(?)

다음은 에이브러햄 링컨이 후커 장군에게 보낸 편지이다.

이 편지는 남북전쟁에서 북군이 가장 불리한 상태에 빠져 있을 때인 1863년 4월 26일에 씌어진 것으로, 북군은 무려 18개월 동안 작전에 실패하는 바람에 사상자의 수는 늘어만 가고 국민들은 실망을 금치 못하던 터였다. 탈주병들이 수천 명에 달해 공화당의 상원의원조차도 링컨을 퇴진시키려 할 정도였다.

"이제 우리들의 운명은 사멸의 위기에 처해 있다. 한 가닥 희망의 빛조차도 찾아볼 수가 없다."

링컨이 이렇듯 절망의 밑바닥에 있던 시기에 이 글이 씌어졌다. 이 편지는 국가의 운명이 한 장군의 어깨에 걸려 있는 시기에, 링컨이 어떻게 이 완고한 장군의 생각을 바꿀 수 있었는가를 잘 보여주고 있다.

ℭ 나는 귀관을 믿는 마음으로 포트맥 전선의 지휘관으로 임명하였습니다. 그러나 누구나 완전할 수 없듯이 귀관에게도 약간의 불미스러운 점이 있어서 이렇게 글을 씁니다.

나는 귀관이 용맹스럽고 뛰어난 군인이라는 것을 믿고 있습니다. 물론 나는 그러한 군인이 좋습니다. 귀관은 또 정치와 군사를 혼동하지 않는 인물이라고 확신합니다. 올바른 태도입니다. 귀관은 자신을 가지고 있습니다. 이는 꼭 필요하다고는 할 수 없으나 크게 존중해야 할 점이라고 생각합니다.

귀관에게는 야망이 있습니다. 이 또한 도를 넘지 않는다면 필요한 것입니다. 그러나 귀관은 반사이드 장군의 지휘하에 있을 때 공로를 탐낸 나머지, 명령을 어기고 제멋대로 행동을 해서 국가의 명예에 중대한 과실을 범한 적이 있습니다.

귀관은 정치 및 군사에 대해서 독재의 필요성을 역설하곤 했는데, 그것을 알면서도 귀관을 임명한 것은 결코 귀관의 의견에 동의했기 때문은 아닙니다.

독재 정권의 필요성을 인정하기 위해서는 그것에 의한 성공이 보장되지 않으면 안 됩니다. 내가 귀관에게 바라는 것은 우선 군사적으로 성공해보라는 것입니다.

그 이후에는 정부가 전력을 기울여서 다른 지휘관과 같이 귀관을 원조하겠습니다. 귀관의 언행에 영향을 입고 군대 내에서 상관을 비방하는 풍조가 생기면 그 화살은 반드시 귀관에게로 돌아갈 것입니다. 나는 될 수 있는 대로 귀관에게 협조하여 그러한 사태를 방지하고 싶습니다.

그러한 경향이 나타나면 귀관이라 할지라도, 아니 나폴레옹이라고 할지라도 우수한 군대를 만드는 것은 절대 불가능할 것입니다. 그러한 경거망동을 조심하고 최후의 승리를 얻도록 전력을 다해주십시오.

만약 링컨이 대부분의 사람들처럼 강경책을 취했더라면, 미국의 역사는 과연 어떻게 되었을까?

C 상대방을 사로잡는 커뮤니케이션 테크닉

: 개성을 살려라

유명인사의 말하기를 그대로 모방하다 보면 말하는 기술을 보다 쉽게 터득할 수 있다. 그러나 개성을 잃는 우를 범할 수 있다. 사람들은 틀에 맞춘 듯한 말하기보다 독특하고 개성적이며 상상력이 풍부한 화술에 매력을 느낀다. 공산품보다 수제품의 값어치를 더 높게 평가하듯 말하기 역시 자신만의 색깔이 드러나야 뛰어난 화술이라고 할 수 있다.

비판은 반드시 은밀히, 짧게 하라

아무리 온건한 비판이라도 제삼자 앞에서 하면 원한을 사기가 쉽다.
상대방은 동료들 앞에서 체면을 잃었다고 생각할 것이다.

비판이 효과를 거두기 위해서는 상대방의 자아를 자극시키지 말아야 한다. 비판의 목적은 좋은 효과를 얻는 데 있는 것이지, 그의 자아를 위축시키는 데 있는 것이 아니다.

당신의 동기가 아무리 순수하고 옳다 할지라도, 중요한 것은 비판을 받아들이는 상대방의 태도라는 사실을 잊어서는 안 된다. 아무리 온건한 비판이라도 제삼자 앞에서 하면 원한을 사기가 쉽다. 상대방은 동료들 앞에서 체면을 잃었다고 생각할 것이다.

이 룰을 터득하고 있느냐, 그렇지 않느냐는 비판의 진정한 동기가 무엇인지를 보여주는 좋은 기준이 된다.

사람들 앞에서 종업원을 꾸짖는가?

남들과 회식을 할 때에만 남편의 식탁 예법을 지적하는가?

만일 그렇다면, 그 비판의 진정한 동기는 상대방을 위한 것이 아니라, 상대방에게 수치심을 심어줌으로써 자기만족을 얻으려는 데 있다.

자녀 문제만 하더라도 그렇다. 그들도 인격체이기 때문에, 절대로 다른 친구들 앞에서 나무라서는 안 된다. 또한 다른 사람 앞에서 설교를 해서도 안 된다.

싸움에서 이기는 것이 비판의 목적은 아니다

뛰어난 설교로 이름난 헨리 워드비처 목사가 죽은 것은 1887년 3월 8일이다. 그다음 일요일에는 워드비처 목사의 후임인 라이만 아보트가 교회로 초청되어 처음으로 설교를 하게 되어 있었다. 그는 열심히 설교의 초고를 쓰고 세심한 주의를 기울여서 퇴고를 거듭했다. 그것이 완성되자 먼저 아내에게 읽어주었다. 그러나 그것은 설교문치고는 너무 딱딱하고 건조해서 많은 수정을 해야 했다.

이때 그의 아내는 뭐라고 말했을까?

"재미가 없어요. 이래가지고는 듣는 사람들이 졸겠어요. 마치 백과사전을 읽고 있는 것 같아요. 여러 해 동안 설교를 해왔으면서도 그런 것도 몰라요? 좀 더 인간미 있게, 자연스럽게 써보세요. 그런 식으로 설교를 했다가는 창피만 당할 거예요."

이런 식으로 말했을까? 아니다.

"이 원고는 북미평론 잡지에 실리면 훌륭하겠어요."

그의 아내는 이렇게 말했을 뿐이었다. 말하자면 칭찬과 아울러 연설에는 적합하지 않다는 사실을 교묘하게 내비쳤던 것이다. 물론 그 역시 아내의 의도를 알고 있었다.

그는 고생 고생해서 완성한 초고를 찢어버리고 메모조차 없이 훌륭한 설교를 했다.

비판의 목적은 '싸움에서 이기는 데 있는 것이 아니라, 일의 성과를 올리는 데 있다.'는 사실을 명심하기 바란다.

상대방의 지난날의 잘못을 다시 들추고 싶어지거든, 관제사와 파일럿과의 관계를 상기하도록 하라. 지난날의 잘못을 계속 들추어내는 것은 어리석기 짝이 없는 짓일뿐더러, 아무런 효과도 없다.

특히 부부 사이에서 지난날의 잘못을 들추어내는 경우가 많다. 자녀에 대한 부모의 태도 역시 그렇다. 하지만 지난날의 잘못을 들추어낸다고 해서 상대방의 현재의 행위를 향상시킬 수는 절대로 없다. 오히려 그 반대의 결과를 가져오기 십상이다.

C 상대방을 사로잡는 커뮤니케이션 테크닉

: 무의미해 보이는 잡담 속에 원만한 인간관계를 유지하는 비밀이 숨어 있다

잡담은 무의미하고 가벼워 보이지만 자신이 어떤 사람인지를 대변하기도 한다. 실제 많은 사람들이 상대방의 가치관, 인격 등을 잡담을 통해 어렴풋이 감지한다. 그러므로 흘려보내는 잡담일지라도 소홀히 해서는 안 된다.

사람이 아니라 **행위**를 **비판**하라

상대방의 행위에 비판의 초점을 맞추어라.
그러면 상대방을 칭찬해줄 수 있음과 동시에 상대방의 자아를 높여줄 수도 있다.

상대방의 인격을 건드리지 않고 그의 행위를 비판함으로써, 움츠러드는 상대방의 자아를 피해 갈 수 있다. 결국 당신의 관심사는 상대방의 행위 아닌가? 그러므로 상대방의 행위에 비판의 초점을 맞추어라. 그러면 상대방을 칭찬해줄 수 있음과 동시에 상대방의 자아를 높여줄 수도 있다.

"이제까지의 경험으로 보아서 이번 실수는 정말 자네답지가 않군 그래…."

"내가 이렇게 말하는 것은, 자네라면 잘할 수 있다고 생각하기 때문이네…."

이런 식으로 말하면, 상대방은 잘못을 고치고 자신을 향상시킬 수 있게 된다. 그러므로 '자네는 글러먹었어.'라고 말하지 말고, '자네는 훨씬 좋은 성적을 올릴 수 있어.'라고 말하도록 노력하라.

다음은 올바른 비판과 그렇지 못한 경우를 예로 든 것이다.

이 단어의 철자법이 틀렸군. (○)

타이프 실력이 형편없군. (×)

검산해보는 것이 좋겠는데… (○)

이건 터무니없이 틀렸잖아!(×)

공부를 더 해서 이 과목의 성적을 올려야겠는데… (○)

너는 어째서 그렇게 돌대가리니?(×)

보고서가 올라가지 않았더군. 무슨 일이 있었나? (○)

자네, 주간보고서를 경리부로 안 올렸지?(×)

겸손과 칭찬이 낳은 기적

사람에게 잔소리나 꾸지람을 할 경우에는 겸허한 태도로, 나 역시 결코 완전하지는 않고 간혹 실수를 하지만…. 하는 식으로 전제를 한 다음 잘못을 충고해주면 상대는 그렇게 불쾌한 느낌을 갖지 않는다.

독일제국 최후의 황제, 오만하고 독선적인 빌헬름 2세 밑에서 수상 직을 맡고 있던 편 블로 공은 이 방법의 필요성을 뼈저리게 느꼈다. 당시의 빌헬름 황제는 방대한 육·해군을 거느리고 그 치하의 독일을 천하무적으로 자랑하고 있었다.

그런데 사건이 발생하였다. 영국 방문 중에 황제가 대단한 폭언을 하여 그것이 《데일리 텔레그래프》지에 게재되었던 것이다. 즉시 영국의 정계와 국민이 격분했고, 독일 본국의 정치가들도 황제의 독불장군 식의 태도에 아연실색하고 말았다.

"나야말로 영국에 호의를 갖고 있는 유일한 독일인이다. 나는 일본의 위협 때문에 대해군을 건설하였다. 영국이 러시아와 프랑스의 공격을 받지 않고 안심하고 있을 수 있는 것은 다 내 덕분이다. 보불전쟁 때 영국의 러버스 경이 승리를 거둔 것도 나 때문이다…."

신문에 대서특필된 기사를 보고는 황제 자신도 당황했다. 그런데 그는 편 블로에게 모든 책임을 전가하려고 애썼다. 황제는 편 블로가 시키는 대로 말했으므로 책임이 없다고 했다.

"폐하, 제게 폐하를 움직여서 그같은 엄청난 말을 하게 할 힘이 있다고 믿는 사람은 영국에도 독일에도 한 사람도 없다고 생각합니다."

편 블로는 그렇게 대답한 순간 아차 하고 후회하였다. 황제가 열화와 같이 노하기 시작했다.

"자네는 나를 바보 취급하는가! 자네 같으면 절대로 하지 않는 실수를 내가 했다는 말인가!"

편 블로는 따지기에 앞서 칭찬하지 않으면 안 된다고 생각해오던 터였으나 일은 이미 벌어지고 난 뒤였다. 그는 차선의 방책을 강구해야 했다. 그는 재빨리 칭찬했다. 그런데 그것이 용케 기적을 낳았다. 그는 공손한 어조로 다음과 같이 말하였다.

"저는 결코 그러한 의미에서 말씀드린 것은 아닙니다. 폐하는 현명하시고 저 같은 사람과는 비교될 수도 없지요. 육·해군의 일은 말할 것도 없고, 자연과학에 대한 조예도 대단히 깊으신 것으로 압니다. 폐하께서는 자주 기압계나 무선전신, X선 등을 설명해주셨는데, 저는 그때마다 탄복할 뿐이었습니다. 저는 그 방면은 부끄러울 만큼 아무 것도 모릅니다. 단순한 자연 현상조차 설명할 수 없을 정도입니다. 역사 지식과 정치, 특히 외교에 도움이 되는 지식만을 조금 가지고 있을 뿐입니다."

그제야 황제의 표정은 풀렸다. 펀 블로가 칭찬을 했기 때문이다. 펀 블로는 황제를 추켜세우고 자기를 깎아내렸다.

황제의 분노는 완전히 누그러졌다. 황제는 펀 블로의 손을 몇 번이나 굳게 쥐었다. 마침내는 '펀 블로의 욕을 하는 사람은 혼내주겠어.'라고까지 하였다.

펀 블로는 위태로운 고비에서 살아났다. 그처럼 빈틈이 없는 외교관도 역시 실수를 한 셈이다. 무엇보다 자기의 단점과 황제의 단점을 말하며 풀어나갔어야 했는데, 황제를 바보로 다루었던 것이다.

겸손과 칭찬은 우리들 일상생활의 교제에 커다란 효과를 발휘한다. 올바르게 응용하면 인간관계에서 기적을 낳을 수도 있다.

참여 의식을 고취시킨다

당신은 감독관이 되어 상대방을 노예로 만들고 싶은가?
상대방의 협력을 얻으려거든 명령하지 말고 의뢰해야 한다.

'이 점을 좀 고쳐주게.'라고 이야기하는 편이 '이것 좀 고치게. 이번에는 틀리지 않게 하라구.'라고 말하는 것보다 훨씬 미움을 살 우려가 적다.

명령을 하게 되면 상대방은 노예, 당신은 감독관의 입장이 되는 셈이다. 그러나 의뢰를 하면 상대방을 당신 팀의 일원으로 만들 수 있다.

참여 의식은 훨씬 효과적으로 상대방을 협력시킬 수 있는 촉진제가 된다.

'나는 주인이다. 주인인 나의 명령대로 하라.'는 입장에 선 비판과, '우리의 목표는 이것이고, 자네가 협조해주어야 이 목표를 달성할 수 있다.'는 입장에 선 비판과는 엄청난 차이가 있다.

그러므로 비판을 하게 된 동기와 당신의 마음을 부드럽게 표현하도록 하라.

세일즈맨을 효과적으로 바로잡는 요령

만약 당신이 세일즈맨 교육 담당자라면 이렇게 하도록 하라.

세일즈맨을 효과적으로 바로잡는 요령은 회사의 요구를 설교하는 것이 아니라 매상을 더 늘리기 위한 자극을 그들에게 주는 것이다.

즉 '우리 회사에서 일하고 싶다면, 발바닥에 물집이 생길 정도로 뛰어다녀야 한다.'고 말하는 대신 '열심히 고객을 방문하면 수입이 배로 늘어난다.'는 식으로 교육시켜라.

C 상대방을 사로잡는 커뮤니케이션 테크닉

: 교만한 태도를 취하는 이에게 사람들은 강한 반감을 느낀다

연설하는 당신은 쇼윈도에 진열된 상품도 같다. 청중에게 조금이라도 거만한 태도를 보이면 철저하게 외면당한다. 또한 대화를 할 때는 남녀노소를 불문하고 동등하게 대해야 한다. 나이가 어리다고, 자신보다 학력이 낮다고 해서 무시하거나 얕보면 호의를 얻기 힘들다.

사소한 칭찬이 사람을 바꾼다

칭찬은 어떠한 일에도 더욱 큰 효과를 낼 수가 있다.
그러나 사람들은 대개 칭찬보다는 비난을 더 쉽게 한다.

칭찬을 해주면 사람이든 동물이든 무조건 좋아한다. 칭찬은 어떠한 일에도 더욱 큰 효과를 낼 수가 있다.

어머니의 칭찬

열 살쯤 되어 보이는 소년이 나폴리의 어느 공장에서 일하고 있었다. 소년은 성악가가 되고 싶었다. 그러나 그의 선생님은, "성악은 어울리지 않아. 네 목소리는 마치 문빗장이 바람에 끼끽거리는 것 같은 소리를 낸단 말이야."라며 그를 실망시켰다. 그러나 가난한 농사꾼이었던 그의 모친은 아들을 껴안고 진심으로 격려해주었다.

"너는 반드시 훌륭한 성악가가 될 거야. 점점 향상되는 너의 노래

실력이 그것을 증명하고 있지 않니?"

그녀는 헌신적으로 일하면서 아들에게 음악 공부를 시켜왔다. 이 어머니의 칭찬과 격려가 소년의 생애를 일변시켰다.

이 소년이 바로 세계적인 가수 카루소였다.

편집자로부터의 칭찬

소설가 지망생인 한 젊은이가 있었다. 그는 학교를 4년밖에 다니지 않았으며, 아버지는 채무 관계로 형무소에 들어가 있었다. 집안은 너무 가난해서 끼니를 거르는 게 일상이 될 정도였다. 그러다가 그는 구두닦이 약통에 라벨을 붙이는 직업을 구했다. 밤에는 큰 쥐들이 돌아다니는 다락의 골방에서 두 소년과 함께 잠을 잤다. 그 소년들은 빈민굴의 부랑아였다. 그는 비웃음이 두려워서 모두가 잠들어버린 밤중에 가만히 침대를 빠져나와 글을 썼다. 이렇게 해서 쓴 처녀작을 어느 잡지사에 우송했다.

그는 계속 작품을 보냈으나 원고는 항상 되돌아왔다. 그러다 마침내 그에게 기념할 만한 날이 찾아왔다. 작품이 채택된 것이다. 원고료는 한 푼도 받을 수 없었으나, 그는 편집자로부터 칭찬을 받았다. 그는 감격한 나머지 흐르는 눈물도 닦지 않고 거리를 헤맸다. 자기의 작품이 활자화되어서 세상에 나왔다는 것이 그의 생애 커다란 변혁을 가져왔다. 만약 그런 일이 없었다면 그는 한평생을 창고 속에서 살았을지도 모른다.

이 소년은 유명한 영국의 작가 찰스 디킨스였다.

교장 선생님의 한마디

또 한 가지 예를 들어보자.

한 소년이 런던에 있는 어떤 직물 상점에서 일하고 있었다. 소년은 아침 5시부터 청소나 심부름으로 하루 열네 시간을 시달렸다. 그는 이 중노동에 견딜 수 없을 만큼 심한 고통을 느꼈다.

그래도 2년간은 죽을힘을 다해 참았으나 그 이상은 도저히 참을 수 없었다. 어느 날 아침, 소년은 식사도 하지 않고 점포를 빠져나와 15마일을 걸어서 가정부로 일하고 있는 어머니에게 갔다.

그는 미친 듯이 울면서 지금의 점포에서 일하느니 차라리 죽어버리는 게 낫다고 어머니에게 호소했다. 그리고 모교의 교장 앞으로 장문의 편지를 보냈다. 곧 교장 선생님으로부터 회답이 왔다. '자네는 보통 이상으로 두뇌가 명석하여 그러한 노동에는 적합하지 않다. 좀 더 지적인 일을 해야 한다.'면서 그를 위해 학교에 자리를 마련해 주겠다고 했다.

교장선생님의 이 한마디는 소년의 장래를 일변시켜 영국 문학사와 세계문화에 불멸의 공적을 남기게 되었다.

77권의 책자를 펴낸 이 사람은 다름 아닌 H. G. 웰즈였다.

덕이 없어도 있는 듯이 행세하라

악인을 대면할 때는 그를 존경할 만한 신사로 간주하고 다루어야 한다.
그것이 가장 효과적이다.

가정부를 고용하기로 한 어느 부인이 그전 주인에게 전화를 걸었다. 이전 고용주는 그 가정부에게 몇 가지 결함이 있다고 말해주었다.

가정부가 일을 하러 온 첫날, 부인은 그녀에게 다음과 같이 말하였다.

"그저께 당신이 일했던 집주인에게 전화를 걸어서 당신에 관해서 물어보았습니다. 당신은 매우 정직하고 신용할 수 있으며 요리 솜씨도 좋고, 아이들 뒷바라지도 성심껏 잘한다고 하더군요. 그런데 청소를 하는 데는 좀 부족한 점이 있다고 들었어요. 그러나 거짓말이겠죠? 나는 믿어지지가 않는군요. 당신이 입고 있는 옷가지가 깨끗하고 정결한 것만 봐도 알 수 있으니까요. 당신은 반드시 그 몸가짐과 같이 집 안 청소도 깨끗하게 해주리라고 믿어요. 우리들은 서로 잘

맞을 것 같군요."

두 사람은 잘해나갔다. 가정부는 부인의 기대에 어긋나지 않도록 열심히 일했다. 덕분에 집안은 언제나 깨끗하게 청소되어 있었다.

무엇이든 장점을 찾아서 그 점에 대해서 경의를 표하거나 칭찬을 하면, 대개 사람들은 이쪽이 생각하는 대로 움직여준다. 그리고 상대의 약점이나 결점을 고쳐주고 싶다면, 그 점에 대해서 그가 다른 사람보다 뛰어나다고 말해주는 것이 효과적이다.

'덕이 없어도 있는 듯이 행세하라.'라고 세익스피어는 말했다. 상대방에 대한 좋은 평판은 당신의 기대를 결코 배신하지 않을 것이다.

'개를 죽이려고 생각하면 먼저 미친 개라고 불러야 한다.'라는 속담이 있다. 한 번 악평의 소문이 나면 좀처럼 재기하기 어렵다는 의미이다. 그러나 거꾸로 호평이 나게 되면 어떻게 될까?

누구든지 좋은 평판이 나게 되면 대개는 그 평판에 부끄럽지 않게 되려고 노력하는 법이다.

악인을 대면할 때는 그를 존경할 만한 신사로 간주하고 다루어야 한다. 그것이 가장 효과적이다. 신사 대우를 받게 되면, 그는 신사로서 부끄럽지 않기 위하여 갖은 노력을 아끼지 않는다. 그리고 타인으로부터 신뢰받는 것을 큰 자랑으로 느낀다. 이것은 많은 지도자들의 경험에서 나온 말이다.

아낌없이 칭찬하고 끝없이 격려하라

누구에게든 무능하다, 재능이 없다라고 꾸짖는 것은
향상심의 싹을 잘라버리는 것과 다름 없다.
반대로 장점을 칭찬해주면 할 수 있다는 의욕이 생긴다.

사십대 중반에 댄스를 배우게 된 한 남자의 이야기이다.

"나는 젊었을 때 댄스를 배운 것 외엔 20년 동안 춤을 춰본 적이 없었다. 처음에 방문한 교사는 나의 춤 실력이 형편없다고 하였다. 아마 진심으로 그렇게 말했을 것이다. 그는 나에게 기초부터 다시 배우지 않으면 안 된다고 말했는데도, 나는 그만 싫증이 나서 그 교사에게 배우는 걸 집어치워버렸다."

이것이 그의 제1화이다.

계속해서 제2화를 들어보자.

"다음 번 댄스 교사는 조금 거짓말을 했지만, 나는 그 사람의 태도가 마음에 들었다. 그는 내가 기본이 확실하기 때문에 새로운 스텝을 쉽사리 익힐 수가 있게 될 것이라고 말하였다. 처음의 교사는 나의 결점을 강조하여 나를 실망시켰으나 이 교사는 그 반대였다. 장점을 말하고 결점에 대해서는 별로 말하지 않았다. 리듬을 잘 소화하고 소질도 상당히 있다고 얘기해주었다. 이런 얘기를 듣고 보니 나는 내 춤 솜씨가 서툰 것을 알면서도 그렇지 않은 듯한 착각을 하게 되었다. 물론 수강료를 지불하고 칭찬을 듣는 것쯤은 예삿일이지만 기분이 좋은 것은 어쩔 수 없었다. 어쨌든 나는 칭찬을 받은 덕분에 댄스에 능숙해졌다. 교사의 말에 힘을 얻고, 더불어 향상심이 생겨난 것이었다."

누구에게든 바보라든가, 무능하다든가, 재능이 없다든가 하고 꾸짖는 것은 향상심의 싹을 잘라버리는 것과 다름이 없다. 그 반대로 장점을 칭찬해주면, 할 수 있다는 의욕이 생긴다. 자신의 능력을 상대가 알아주고 있다는 생각이 들면 그 능력을 보여주기 위해서라도 열심히 하게 되는 것이다.

◯ 상대방을 사로잡는 커뮤니케이션 테크닉

: 쓸모없는 잡담을 하지 않는다

공통된 화제를 언급하는 것은 친근한 분위기를 만들기 위해서 중요하지만 쓸데없는 잡담이 될 수 있는 화제를 거론하는 것은 금물이다. 누구나 한번쯤은 경험했을 법한 이야기 가운데 의미 있고 특별한 화제를 언급하는 것이 좋다.

자진해서 협력하게 한다

상대의 중요감을 배가시키는 방식을 취하는 것만으로도 자진 협력을 유도할 수 있다.

1915년, 유럽은 제1차 세계대전의 폭염 속에 휩싸여 있었고 미국 사회도 긴장감이 감돌았다. 과연 평화를 회복할 수 있을 것인가, 없을 것인가가 최대의 관심사였다.

미국의 윌슨 대통령은 전쟁 당사국의 지도자들과 이 문제를 협의하기 위해서 평화사절단을 파견하기로 했다.

당시의 국무장관 윌리엄 제닝스 브라이언은 사절단의 일원이 되기를 원했다. 자기의 이름이 역사에 기록될 절호의 기회라고 생각한 것이다. 그러나 윌슨 대통령은 브라이언의 친구인 하우드 대령을 임명하였다.

이로 인해, 하우드 대령에게는 곤란한 문제가 생겼다. 그는 친구인 브라이언의 감정을 상하지 않게 하면서 이 얘기를 털어놓아야 했던 것이다.

당시의 곤혹스러웠던 사정에 대해 하우드 대령은 다음과 같이 쓰고 있다.

C 브라이언은 나에게서 그 얘기를 듣고는 얼굴에 뚜렷한 실망의 빛을 나타냈다.

그는 자기가 가고 싶었다고 솔직하게 말했다.

나는, '대통령으로서는 이번 평화사절단 파견 사실이 공공연하게 알려지는 게 좋지 않다고 판단한 결과, 세상의 이목을 끄는 당신 같은 거물에게 이 일을 맡기지 않은 것뿐.'이라고 말해주었다.

이 말에 그는 매우 만족해하는 것 같았다.

인간관계의 중요한 법칙

이처럼 하우드 대령은 상대방으로 하여금 자진해서 협력할 수 있도록 유도하는 인간관계의 중요한 법칙을 알고 있었다.

윌슨 대통령은 윌리엄 G. 맥카르도를 각료로 앉힐 때도 이러한 방법을 취하였다.

각료라고 하면 누구에게나 명예로운 지위다. 그 지위를 주면서 윌슨은 상대의 중요감을 배가시키는 방식을 취하였다. 맥카르도 자신의 말을 들어보자.

"윌슨이 재무장관을 맡아주면 고맙겠다고 내게 말했을 때, 이 명예로운 지위를 맡기만 하는 것으로도 나는 누구에겐가 은혜를 베푼 것과 같은 마음이 들었다."

그러나 불행하게도 윌슨은 언제나 이러한 방법을 사용하진 않았다. 그가 이러한 방법을 일관해서 썼다면 아마 미국 역사는 바뀌었을 것이다.

가령 국제연맹 가입 문제에 관해 그는 상원을 노하게 하고 공화당을 무시했다.

인간관계를 생각하지 않는 이러한 방법은 그 자신의 실각을 초래하고, 또 건강을 해쳐 수명을 단축시켰으며, 미국을 연맹 불참국으로 만들어 세계 역사의 진로를 바꾸어놓았다.

Ｃ 상대방을 사로잡는 커뮤니케이션 테크닉

: 익살스러운 이야기로 시작하지 마라

이야기가 시종일관 딱딱하거나 무거우면 사람들은 지루해한다. 그렇다고 처음부터 유머러스한 이야기로 시작하면 안 된다. 처음부터 너무 가볍게 시작하면 사람들은 당신의 이야기를 중요하게 생각하지 않게 된다. 또한 당신이 자신들을 과소평가한다 생각하고 불쾌감을 느낀다.

방법을 **가르쳐** 주어라

개선할 방법을 가르쳐주지 않는 것은 과녁이 어디에 있는지도 모르고
덮어놓고 화살을 쏘라는 이야기밖에 되지 않는다.

상대방의 잘못을 지적할 경우에는 그 개선 방법도 가르쳐주어야
한다. 잘못한 것만 강조하지 말고, 그 잘못을 시정하고 재발을 방지
하기 위한 수단을 제공해주라는 얘기다.

상사를 대하는 아랫사람들이 한결같이 느끼는 최대 불만 중 하나
는 '어떻게 해야 할지를 모르겠어. 내가 무엇을 해도 상사가 마음에
들어하지 않으니… 그는 도대체 내가 어떻게 하기를 바라는 것일
까?'이다.

무엇을 어떻게 해야 하는지를 명백하게 말해 주지 않고 불만을 나타
내는 것만큼 아랫사람의 사기를 떨어뜨리는 것은 없다. 사람은 올바른
일이 무엇인지를 가르쳐 주어야 거기에 순응할 수가 있는 법이다.

어떤 샐러리맨이 이런 말을 한 적이 있다.

"우리 부장은 사원들의 잘못을 찾아내 그것이 틀렸다고 지적합니다. 그러나 그는 오직 그것밖에는 모릅니다. 개선할 방법을 전혀 가르쳐주지 않기 때문에, 우리에게는 목표로 삼아야 할 표준이 없습니다. 과녁이 어디에 있는지도 모르고 덮어놓고 화살을 쏘는 격이지요. 그러니 항상 실패할 수밖에요."

좋은 비판과 나쁜 비판

비판의 결과가 우호적으로 끝나지 않는 한, 올바른 마무리를 했다고 볼 수 없다. 또한 중도에 어물어물했다가 뒤에 다시 그 얘기를 꺼내서도 안 된다. 일단 비판이 끝나면, 그때의 잘못은 영원히 잊어버려야 한다.

비판을 끝낼 때는 반드시 상대방의 마음을 풀어주어야 한다. 즉, 비판에 대한 상대방의 마지막 인상이, 야단맞은 게 아니라 위로받은 거라는 느낌이 들도록 해야 한다.

다음은 좋은 비판과 나쁜 비판의 예이다.

난 자네를 믿고 있네. (○)

가르쳐주었으니 다시는 실수 없도록 하게. (×)

이제 요령을 알겠지? 잘 부탁해. (○)

빠른 시일 내에 성과를 보여주게. 그렇지 않으면… (×)

• 처음부터 상대방의 기선을 제압하는 말하기 기술 •

• 반복적인 문구나 상투적인 말은 자제한다

똑같은 문구를 반복 사용하거나 누구나 이미 뻔히 알고 있는 내용으로 시작하면 사람들은 당신의 이야기에 귀를 기울이지 않는다.

• 자신 없는 태도를 취하지 않는다

화술에 능하지 못한 사람은 대부분 말을 시작하기에 앞서 '여러 사람 앞에서 얘기하는 것이 워낙 서툴러서'라며 첫마디를 하는 경우가 많다. 이러한 태도는 제 스스로 사람들의 흥미를 떨어뜨리는 것과 같다.

• 화제를 선택한 경위에 대해 설명하지 않는다

몇몇 사람들은 지루하게 화제를 선택하게 된 과정을 설명하는 경우가 있다. 사람들은 화제 선택의 경위가 아니라 내용을 궁금해 한다.

• 부실하게 준비를 했다고 말하지 않는다

준비를 제대로 하지 못했다고 고백하는 사람들이 있는데 이는 스스로 실패를 키우는 일이다. 일부러 고백하지 않아도 시간이 지나면 준비를 하는 데 얼마나 많은 시간과 노력을 할애했는지 알게 된다.

• 설교하지 않는다

목사가 설교를 하듯 지루하게 이야기를 시작하면 사람들의 집 중력은 떨어진다.

• 육하원칙의 물음에 대답할 수 있는 말로 시작한다

'누가?' '언제?' '어디서?' '무엇을?' '어떻게?' '왜?'의 질문에 답 할 수 있는 말로 얘기를 시작하면 충분히 기선을 제압할 수 있 다. 이 방법이 가장 오래된 의사전달의 수단이었던 것은 다 그 만한 이유가 있다.

• 상대방의 기분을 고조시키는 맞장구 기술 •

• 상대방이 의기소침해 있을 때

상대방에게 힘이 될 수 있는 맞장구를 사용한다. '잘 될 것 같은데?' '그렇게 될 거야' 등 격려하는 맞장구를 쳐주면 당신에게 호의를 느끼고 속 깊은 이야기까지 털어놓는다.

• 상대방이 자랑하고 싶어 할 때

상대방이 이룬 성과에 대해 감탄하는 맞장구를 치면 효과적이다. '대단하다' '놀랐어' '와' '역시' 등 상대의 가치를 인정해주는 듯한 맞장구를 쳐주면 말하는 이도 신명난다.

• 상대방의 마음을 열고 싶을 때

상대방의 의견에 동조하는 맞장구를 친다. '그래' '물론이지' '아' '그렇구나' 등과 같은 맞장구를 사용한다.

• 상대방의 말을 이해할 수 없을 때

상대방의 주의를 환기시킬 수 있는 맞장구를 치다 '정말?' '어떻게?' '그럴까?' 등등 의문을 제기하는 맞장구를 치면 상대는 스스로 이야기의 잘못된 점을 바로잡는다.

• 상대방의 이야기가 겉돌 때

상대방을 화제의 핵심으로 유도하는 맞장구를 친다. '그리고?' '그래서?' '그 다음에 어떻게 됐어?' 등의 맞장구를 치면 자연스럽게 결론을 도출할 수 있다.

• 상대방의 이야기가 지루할 때

상황을 바꾸는 맞장구를 사용한다. '그런데' '그건 그렇고' 등의 맞장구를 치면 상대방의 기분을 상하게 하지 않으면서 지루한 상황에서 벗어날 수 있다.

PART 7

사람들에게 **호감**을 **사는 요령**

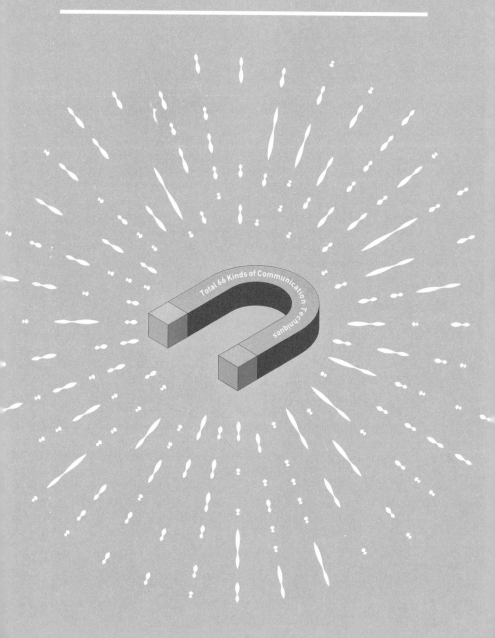

칭찬은 마법의 약이다

**우리에게는 칭찬받으면 일을 더 잘할 수 있는 신비한 힘이 있다.
모든 창조물은 칭찬을 받음으로써 기뻐한다.**

식물도 사랑을 베풀면 잘 자란다. 모든 시대를 통틀어 칭찬은 기적을 일으키는 힘으로 통한다. 기독교 통합파의 공동 창시자인 찰스 필모어는 다음과 같이 말했다.

"칭찬과 감사의 말은 에너지를 확대시키고 정신적 억압으로부터 해방시킨다. 칭찬은 약한 육체에 건강을 주고, 두려운 마음에 평온과 신뢰를 주고, 상처 난 정신에 휴식과 힘을 준다."

그는 또 다음과 같은 말도 했다.

"우리에게는 칭찬받으면 일을 더 잘할 수 있는 신비한 힘이 있다. 모든 창조물은 칭찬을 받음으로써 몹시 기뻐한다. 식물도 사랑을 베풀면 잘 자란다."

칭찬이 어떻게 강한 에너지를 갖게 하는지 분명치는 않지만, 우리 모두는 종종 그것을 경험하고 있다.

한 점잖은 노부인은 사람들로부터 '정말 건강해 보이십니다.'라는 인사를 받을 때마다 '고마워요. 덕분에 1년은 더 살 수 있겠군요.' 하고 대답하곤 했다. 그 노부인의 말은 거짓말이 아니었을지도 모른다. 칭찬은 우리에게 새로운 에너지와 생명력을 부여해주기 때문이다.

칭찬을 받음으로써 얻어지는 정신적 고양은 환영도 아니고, 또한 상상도 아니다.

낮은 자존심이 마찰과 말썽의 원인이다

당신은 아마 '칭찬이 과학적으로는 설명할 수 없는 기적적인 방법으로 육체적 에너지를 해방시킴으로써 정신적인 고양을 부추긴다는 것은 확실히 흥미 있는 일이긴 하지만, 그것이 대인관계와 어떤 연관이 있는가?' 하고 물을지도 모른다.

이 질문에 대한 대답은 '다분히 관계가 있다'이다.

'낮은 자존심은 마찰과 말썽의 원인이 된다.'라는 명제를 기억하라. 상대방의 자존심을 높여줌으로써 마찰과 말썽을, 마치 마법처럼 깨끗이 극복할 수 있다.

상대방이 가장 원하는 것을 줘라

**사람들은 어디에서나 – 가정에서나 학교에서나 직장에서나 칭찬에 굶주리고 있다.
이 굶주림을 채워준다면, 그들은 당신이 바라는 것을 기분 좋게 내줄 것이다.**

한 조사 결과에 따르면, 수천 명의 경영자와 종업원들에게 각자 중요하다고 생각하는 여러 가지 원칙들을 차례로 열거하도록 요구하였던 바, 종업원들은 '일의 공적을 인정해줄 것'이라는 항목을 압도적으로 내세운 데 반하여 경영자들은 이것을 일곱 번째로 선택했다고 한다.

종업원들에게 일의 공적을 올바로 인정받는 것이 얼마나 중요한지를 경영자들은 잘 모르고 있었던 것이다.

사람들은 어디에서나 – 가정에서나 학교에서나 직장에서나 칭찬에 굶주리고 있다. 이 굶주림을 채워준다면, 그들은 당신이 바라는 것을 기분 좋게 내줄 것이다.

당신이 바라는 게 그들의 기술이 되었든 의견이 되었든 간에, 당신은 그것을 흔쾌히 얻을 수 있을 것이다.

하루에 한 가지씩 기적을 행하라

가식 없는 칭찬과 성과의 인정이 종업원들로 하여금
일에 더욱 열중하게 만든다는 사실이 입증되었다.

인생 그 자체가 기적이라고 말할 수 있다. 우리는 다른 사람에게 용기를 줄 때마다 작은 기적을 행하고 있는 것이다. 상대방의 정신을 고양시켜 생기와 에너지를 불어 넣어줌으로써, 즉 마음에서 우러나오는 진짜 칭찬을 상대방에게 날마다 해줌으로써 그 기적은 간단하게 이루어진다.

이 방법을 우선 아내나 남편이나 자녀나 친구에게, 또는 상사나 고객이나 종업원에게 시험을 해보라. 그러면 틀림없이 상대방은 기뻐할 것이다.

그리고 저절로 당신에게 우호적으로 협력하게 될 것이다.

칭찬이 학생들의 성적을 향상시킨다는 사실도 입증이 되었다. 학생들에게 시험을 치르기 전에 교사가, "이 문제들은 간단하다. 너희들이

풀 수 없는 문제는 하나도 없다."라고 말해주었더니 예전보다 훨씬 좋은 점수를 받았다고 한다. 학생들의 능력을 칭찬해줌으로써 그들의 능력을 끌어올린 것이다.

산업 현장에서도 가식 없는 칭찬과 성과의 인정이 종업원들로 하여금 일에 더욱 열중하게 만든다는 사실이 입증되었다. 업적에 따라 보너스와 이익이 배당되는 기업은 성장을 보장받고 있는 것이나 마찬가지이다.

그러므로 당신의 성공을 위하여 하루에 한 가지 이상씩 칭찬을 하도록 하라.

칭찬은 고래도 춤추게 한다

상대방이 특별히 훌륭한 일을 하지 않았을 때라도 좋다. 칭찬은 많이 해줄수록 좋다.

아침에 커피 맛이 좋거든, 즉시 아내에게 칭찬을 하라. 아내는 기분이 좋아질 뿐만 아니라, 내일 아침에는 더욱 맛있는 커피를 만들려고 노력할 것이다.

당신의 비서가 생각했던 것보다 빨리 서류를 작성했을 때에도 지체하지 말고 칭찬해주어라. 그러면 그 비서는 더욱 열심히 기쁘게 일할 것이다.

'고맙습니다'라고 말할 때의 6가지 원칙

마음으로부터 고맙게 생각하라 / 의미를 확실히 말하라 / 이름을 거론하며 고마워하라 /
상대방을 바라보라 / 고마워하도록 노력하라 / 기대하지 않을 때 고마워하라.

비록 아주 사소한 호의일지언정 절대로 그냥 넘어가지 말라. 반드시 '고맙습니다'라고 말하라.

다른 사람에게 감사할 수 있는 구실을 찾아라. 진심으로 '고맙습니다'라고 말할 때마다, 당신은 상대방의 업적을 인정해주는 셈이 된다.

이처럼 친절한 말을 사용함으로써 당신의 기분을 상대방에게 전하라. '굳이 말을 하지 않더라도 알아주겠지' 하고 생각한다면 잘못이다.

말로 표현하라. '고맙습니다'라는 이 짤막한 말을 올바르게 사용하면, 대인관계에서 마법과 같은 효과를 얻을 수 있다.

다음에 제시하는 6가지 원칙은 모두 실증을 거친 것이다. 당신도 이 원칙에 따라 '마법'을 실행해보라.

1. 마음으로부터 고맙게 생각할 것

진심으로 고마움을 담아 '고맙습니다'라는 말을 하라. 그 말에 감정을 넣어라. 상대방의 호의를 평범한 것이 아니라 '특별한 것'으로 만들라.

2. 확실히 말할 것

입 안에서 중얼거려서는 안 된다. 부끄러워하는 태도를 보여서도 안된다. 고맙다고 말할 땐 확실히 고마워하고 있다는 태도를 나타내라.

3. 이름을 거론하며 고마워할 것

고마움을 전하고자 하는 상대방의 이름을 말하라. 몇 사람에게 감사하고 싶을 때에도, '여러분, 감사합니다'라고 말하지 말고, 한 사람 한 사람의 이름을 불러주며 고맙다고 말하라.

4. 상대방을 바라볼 것

고마워할 만한 가치가 있는 사람이라면, 그의 얼굴을 주시할 가치 또한 있는 법이다.

5. 고마워하도록 노력할 것

항상 의식적으로 다른 사람에게 고마워할 구실을 찾도록 노력하라. 갑자기 생각났을 때에만 고마워할 게 아니라, 일상에서 습관화되도록 노력하라. 고마워하는 것은 인간성의 자연적인 특질이 아님을 알아야 한다. 예수가 열 명의 문둥병 환자를 고쳐주었을 때, 그에게 감사한 사람은 단 한 명뿐이었다.

6. 상대방이 기대하지 않고 있을 때 고마워할 것

'고맙습니다'라는 인사는 상대방이 그것을 기대하고 있지 않을 때, 혹은 대단찮은 일을 했다고 생각하고 있을 때 하는 것이 훨씬 효과적이다. 당신이 전혀 뜻밖의 경우에 감사하다는 인사를 받은 적이 있다면, 이 말의 뜻을 알 수 있을 것이다.

C 상대방을 사로잡는 커뮤니케이션 테크닉

: 상대방에게 신뢰감을 주려면 시선 처리에 관심을 기울여야 한다

말을 잘 하는 것도 중요하지만 시선이 불안하면 호소력이 떨어지기 때문이다. 신뢰의 눈길로 상대의 눈을 잠깐 동안 바라보면 부담감을 느끼지 않고 당신의 이야기에 귀를 기울인다. 그리고 이야기의 핵심을 말할 때 상대방의 눈을 바라봐주면 당신의 이야기에 더욱 집중을 한다.

행복을 증대시키는 간단한 공식

**마음의 평화와 행복을 위하여 기적을 일으킬 수 있는 유일한 공식은
'다른 사람의 흉을 들추어내는 짓을 멈추는 일'이다.**

당신이 아직도 '칭찬'과 '고마움'이 기적과 같은 힘을 지니고 있다는 사실을 의심하고 있다면, 다음과 같이 묻고 싶다.

"만일 어떤 것을 다른 사람에게 주었더니 그보다 더 소중한 것이 그로부터 날아왔다. 이것을 기적이라고 말한다면, 당신은 이 말에 동의하겠는가?"

칭찬하고 고마워함으로써 상대방에게 행복을 주려고 노력하면, 기적은 얼마든지 일어난다. 행복은 주면 줄수록 점점 늘어나게 마련이다. 비록 과학적으로 해명할 수는 없지만, 심리학자나 정신의학자들은 이것이 진실이란 사실을 잘 알고 있다.

에머슨은 이렇게 말하고 있다.

"건전한 정신의 척도는 모든 곳에서 선(善)을 찾아내는 성질에 있다."

당신이 마음의 평화와 행복을 추구하고 있다면, 다른 사람들의 좋은 점을 발견하여 그것을 칭찬해주는 것보다 더 확실한 방법은 없다.

상대의 장점을 찾아라

존 크레인 박사는 대단히 흥미 있는 논문을 몇 개의 신문에 발표한 적이 있다. 박사는 그 논문에서, 자신이 이름붙인 '칭찬클럽'에 입회하면 누구나 행복해진다고 확언한다.

이 클럽에는 임원도 없고, 회의실도 없고, 정기적인 회합도 없다. 여기에 가입한 회원은 단지 날마다 누구에게든 마음으로부터 우러나오는 칭찬의 말을 세 번씩만 하면 된다. 누가 두드러지게 좋은 일을 하지 않았을 때라도 좋고, 또 완전무결한 사람을 만나지 않았을 때라도 좋다. 단지 적극적으로 다른 사람들의 장점을 찾아내어, 그것을 칭찬하도록 노력하기만 하면 되는 것이다.

이와 같은 마음가짐은 자기 자신에게 기적적인 효과를 가져다 준다. 관심을 자기에게서 다른 사람에게로 돌림으로써 독선을 막고, 관대함과 이해심을 높일 수 있기 때문이다.

크레인 박사는 이 논문의 결론에서, 이러한 간단한 테크닉으로 사람들의 공포와 우울증 등을 충분히 고칠 수 있다고 말한다. 어떤가? 이게 기적이 아니고 무엇이겠는가?

몇 년 전, 많은 심리학자들이 한 자리에 모여 '인간이 마음의 평화를 지니고 행복한 인생을 보낼 수 있는 간단한 공식은 없을까?'라는 주제로 토론을 한 적이 있다. 그 결과 마음의 평화와 행복을 위하여 기적을 일으킬 수 있는 유일한 공식은 '다른 사람의 흉을 들추어내는 짓을 멈추는 일'이라는 데 의견의 일치를 보았다.

심리학자들은 노이로제 환자에게서 지나치게 다른 사람들의 흉을 들추어내는 그들만의 공통점을 발견해냈다. 그러나 이런 사람들조차 주변 사람들의 장점을 찾아내려고 노력한다면, 얼마든지 스스로 행복해질 수 있다.

세상에 완전무결한 사람은 없다. 장점이 없는 사람 또한 하나도 없다. 당신도 한 번 시험해보라. 당신을 화나게 하고 곤경에 빠뜨리기만 하는 사람이라도, 그에게서 장점을 발견하도록 노력해보라. 그러면 상대방도 마음을 바꾸게 될 것이다. 뿐만 아니라, 그에 대한 당신의 생각도 달라지게 될 것이다.

C 상대방을 사로잡는 커뮤니케이션 테크닉

: 어떤 테마이든 사람들의 주의를 집중시키려면 주제를 한정해야 한다

포인트를 줄여야 한다. 사람들은 대부분 포인트가 많아야 좋은 주제라고 생각하는데 그렇지 않다. 노란 튤립 속에 단 하나의 빨간 장미가 두드러져보이듯 포인트는 적으면 적을수록 효과적이다.

칭찬할 때의 2가지 원칙

마음에서 우러나는 칭찬, 상대방의 됨됨이보다
행위나 좋은 점을 칭찬하기.

1. 마음에서 우러나는 칭찬을 할 것

마음에도 없는 겉치레 칭찬은 곧 들통이 나게 마련이고, 그 결과는 당신에게나 상대방에게나 이로울 것이 하나도 없다.

찾아내려고 노력만 한다면, 사람은 누구나 반드시 칭찬해줄 만한 가치 있는 장점을 지니고 있다는 사실을 명심하라. 단, 입으로만 거창하게 칭찬하기보다는 사소한 일이라도 마음으로부터 칭찬하는 것이 훨씬 좋다.

예를 들면, '당신은 내가 이제까지 만난 여성 중에서 제일 아름다운 손을 가지고 있습니다.'라는 말이, '당신은 세계 제일의 미인입니다.'라는 말보다 훨씬 효과적이라는 얘기다.

2. 상대방의 됨됨이보다 행위나 좋은 점을 칭찬할 것

인간성이나 됨됨이가 아닌, 그의 행위나 좋은 점을 찾아내서 칭찬하라.

당신은 요즘 갈수록 스타일이 좋아지고 있군요. (○)

당신은 우수한 사원입니다. (✕)

자네의 지난주 매상이 회사에서 제일이었어. (○)

자네는 우리 회사에서 제일가는 세일즈맨이야. (✕)

당신의 머릿결은 정말 아름답군요. (○)

당신은 정말 아름답군요. (✕)

당신의 집은 정말 멋지군요. (○)

이런 집에서 사시다니, 당신은 정말 위대한 분입니다. (x)

행위나 좋은 점을 칭찬해주면, 상대방은 자기가 칭찬받은 것을 정확히 알게 되고, 그 효과는 한결 높아진다. 또한 상대방을 당황하게 하지 않으면서 편견을 피할 수 있다.

칭찬은 상대방을 질적으로 향상시켜 주는 힘이 있다는 사실을 명심하기 바란다.

일을 잘했다는 칭찬을 들으면 그는 더욱 일을 잘하려고 노력할 것이고, 좋은 행위를 칭찬해 주면 그는 더욱 좋은 행위를 하려고 노력할 것이다.

그러나 단순히 상대방의 인간성을 칭찬해 준다면, 그의 이기심과 자만심만을 키워줄 뿐이다.

'너는 이 세상에서 제일 멋진 아이야.'라는 부모의 입버릇이 아이의 일생을 망쳐버리는 경우는 얼마든지 많다. 실제로 우리가 칭찬을 아끼는 가장 큰 이유 중의 하나가 상대방이 행여 자만심에 빠지지나 않을까 하는 노파심 때문이다.

그렇지 않은가?

C 상대방을 사로잡는 커뮤니케이션 테크닉

: 아낌없이 칭찬하라

칭찬은 숨어 있는 아름다움까지 끌어낼 만큼 놀라운 힘을 가지고 있다. 상대의 마음을 사로잡고 싶다면 남들이 보기에 하찮것없는 일에라도 칭찬을 아끼지 말라. 눈에 보이지 않고 잡을 수 없더라도 칭찬은 상대의 마음을 사로잡는 데 엄청난 힘을 발휘한다. 작은 칭찬이 상대의 마음을 움직이는 데 결정적인 역할을 할 수 있다.

남의 **말을 잘 듣는 재주꾼**이 되어라

신이 우리에게 귀 두 개와 입 하나를 주신 까닭은
말하기보다 듣기를 두 배 더 잘하라는 뜻임이 분명하다.

인간은 누구나 다른 사람들로부터 '재치가 있다', '사리에 밝다', '멋을 안다'는 말을 듣고 싶어한다.

그러나 언제나 멋진 말만 하고, 재치 있는 태도를 취하는 사람은 상대방으로부터 '지혜 있는 사람'이란 말을 듣지 못한다. 반대로 '잘난 체하는 친구', '허풍쟁이', '이기주의자'라는 씻을 수 없는 낙인이 찍히게 마련이다.

상대방으로 하여금 '이렇게 머리가 좋은 사람은 지금까지 만난 적이 없다.'는 생각을 갖게 하려면, 그가 하는 말을 주의 깊게 들어주면 된다.

그가 얘기하는 동안 한마디도 흘려보내지 않겠다는 태도를 보여 주면, 그는 당신을 분명히 현명한 사람이라고 생각할 것이다.

반대로 주의를 기울여 듣지 않는다면, 그는 당신을 이기주의자나 바보로 여길 것이다. 이것은 틀림없는 사실이다.

말하기보다 듣기를 더 잘하라

당신의 친구나 아는 사람들에 대해 생각해 보라. 머리가 좋고 현명하다고 정평이 난 사람은 누구인가? 당신은 당신의 한 표를 누구에게 던지겠는가? 끊임없이 지껄여대는 사람에게 던지겠는가? 질문을 받기 전부터 대답을 준비하고 있는 사람에게 던지겠는가? 아니면 다른 사람의 얘기를 중간에서 가로막고 말참견을 하는 사람에게 던지겠는가? 답은 뻔하다.

하느님이 우리에게 귀 두 개와 입 하나를 주신 까닭은 말하기보다 듣기를 두 배 더 잘하라는 뜻임이 분명하다.

⊂ 상대방을 사로잡는 커뮤니케이션 테크닉

: 인내심을 가지고 설득하라

상대방의 언행에 문제점이 있다면 확실하게 짚고 넘어가야 한다. 상대방이 기분 상해할까봐 두루뭉술하게 표현해서는 안 된다. 만약 문제점을 대충 둘러대면 상대방은 당신의 의견을 감정적이라고 판단하여 설득당하지 않는다.

듣기만 해도 **상대방의 속셈**을 알 수 있다

**유능한 세일즈맨은
고객의 위치를 정확하게 탐지하는 레이더를 장착하고 있다.**

다음의 말이 내포하고 있는 의미는 무엇일까?

"경쟁이 치열한 자동차 업계에서 성공하기 위해서는 손가락을 대중들의 맥박에 대고 두 귀로 그들의 요구 사항을 잘 듣지 않으면 안 된다."

디자인한 차가 출시될 때마다 세간의 이목을 끈, 미국에서 가장 우수한 자동차 디자이너가 한 말이다.

그는 계속해서 다음과 같이 말을 이었다.

"자동차를 디자인하는 것은 우리가 아닙니다. 그것은 대중들이 합니다. 우리는 단지 그들의 요구 사항을 주의 깊게 듣고 있을 뿐입니다. 그들이 어떤 모양을 요구하면, 우리는 재빨리 그것을 공급하도록 노력하는 것입니다."

위치를 제대로 알아야 '히트'를 친다

야구용어로 말하자면, 우리는 누구나 상대방을 향하여 '히트'를 치고 싶어 한다. 따라서 대인관계에서 '히트'를 치려면, 야구에서와 마찬가지로 자기를 향해서 날아오는 공에 적당히 반응을 하면 된다.

바람직한 대인관계는 서로의 의사전달에 의하여 성립된다. 이것은 기브 앤드 테이크이며, 행동과 그에 따른 응답이다. 상대방의 희망이나 감정을 모르고서는 그와의 일치를 기대할 수가 없다. 그리고 의사가 일치하지 않으면, 그를 움직일 수가 없다. 그의 위치를 전혀 모르기 때문이다. 그의 위치를 알지 못한 상태에서는 절대로 '히트'를 치지 못한다.

상대방의 위치를 정확하게 알려면, 우선 그의 희망이나 감정의 상태를 충분히 알아야 한다. 이것은 당신이 마음만 먹는다면 그렇게 어려운 일이 아니다.

C 상대방을 사로잡는 커뮤니케이션 테크닉

: 사람들을 내 편으로 만드는 말을 하고 싶다면 극적인 경험을 이야기하라

잊을 수 없는 극적인 경험담은 상대방의 관심을 고조시키고 강렬한 인상과 교훈을 남긴다. 일상적인 이야기도 사람들의 호기심을 자극하지만 강렬한 체험은 상대방의 마음을 움직일 뿐만 아니라 행동까지 불러일으킨다.

말이 많으면 **본심**이 드러난다

상대방의 말을 주의 깊게 듣고 있으면, 무의식중에 튀어나오는 말만으로도
의 본심을 알아낼 수 있다.

너무 서둘러 당신의 속셈을 상대방에게 보여주어서는 안 된다. 우선 상대방을 잘 탐색하는 것이 중요하다.

비즈니스에서 흔히 사용되는 작전은 이쪽의 속셈을 드러내기 전에 상대방이 무엇을 바라고 있는가를 발견하는 일이다. 상대방의 말을 잘 듣고 있으면, 그의 위치를 탐지할 수 있다. 그러나 당신이 말을 많이 하면 자연히 당신의 속셈이 먼저 드러나게 된다는 사실을 명심하기 바란다.

마음을 읽는 기술이란…

상거래를 아주 잘하는 사업가들에게는 남달리 남의 마음을 읽는

기술이 있다.

그런데 알고 보면 어떤 특수한 비법이 있는 것은 아니다. 그들은 단지 상대방으로 하여금 계속해서 말을 하게 할 뿐이다.

그들은 경험을 통하여, 또는 본능적으로 정신분석학의 시조인 프로이트가 과학적으로 밝혀놓은 진리를 남들보다 잘 터득하고 있는 셈이다.

프로이트는 무의식중의 실언에 대하여 긴 논문을 쓴 바가 있는데, 그 논문의 요점은 상대방의 말을 주의 깊게 듣고 있으면, 무의식중에 튀어나오는 말만으로도 그의 본심을 알아낼 수 있다는 것이다.

당신도 부디 이 사실을 명심하기 바란다. 그리고 당신의 속셈을 상대방에게 알리고 싶지 않거든 입을 다물고 듣기만 하라. 만일 당신이 계속해서 지껄여대면, 자기도 모르는 사이에 당신의 속셈을 상대방에게 드러내 보이게 된다.

C 상대방을 사로잡는 커뮤니케이션 테크닉

: 상대방을 설득하고 싶다면 순서대로 말하라

말을 잘 하는 사람들은 대부분 순서대로 말하는 규칙을 철저하게 지킨다. 순서는 크고 방대한 이야기를 논리적이고 통일성 있게 이끌어 나가는 데 결정적인 역할을 하기 때문이다.

경청은 자의식을 극복하는 지름길이다

상대방이 말하는 것과 바라는 바를 당신의 온 신경을 집중시켜 들어라.
그러면 결코 이기주의에 빠지는 일은 없다. 상대방을 무시하게 되지도 않는다.

상대방의 말을 주의 깊게 들어주게 되면 뜻밖의 효과를 얻을 수 있다. 자의식과 자기중심적인 버릇을 극복할 수 있다는 게 바로 그것이다.

심리학에서는 '이기주의'와 '자존심'을 별개의 것으로 간주하지만, 이 두 가지는 여전히 인간관계의 큰 장애물로 취급되고 있다. 그러나 상대방의 말을 주의 깊게 듣고, 부드러운 목소리로 말하려고 노력한다면 당신은 이와 같은 장애를 얼마든지 극복할 수가 있을 것이다.

상대방이 말하는 것과 바라는 바를 당신의 온 신경을 집중시켜 들어라. 그러면 결코 이기주의에 빠지는 일은 없을 것이다. 그리고 상대방을 무시하지도 않게 될 것이다.

만일 당신이 상대방을 무시하고 있다는 사실을 그가 깨닫는다면, 결코 원만한 인간관계를 유지할 수 없게 된다. 만일 당신의 일밖에 안중에 없다면, 당신은 환경의 변화에 대처해나가지 못한다. 이런 사람은 마치 자동차의 창문을 통하여 앞을 보지 않고, 창문만을 응시하며 운전하는 사람과 같다. 사람 사이의 의견 충돌도 따지고 보면 한쪽이 상대방에게 주의를 기울이지 않고 자기 일에만 정신을 쏟기 때문에 일어나는 것이다.

대화가 따분해지는 까닭은…

무용가들에게 강인한 두 다리가 필요한 것과 마찬가지로 대인관계에서도 강인한 자아가 필요하다.

그런데 무용 교사들은 '무용을 할 때 다리에 관한 것은 생각하지 말라.'고 가르친다. 다리에 지나치게 신경을 쓰는 바람에 '과연 다리가 생각대로 움직여줄까?' 하는 생각을 하게 되면, 도리어 자연스럽지 못하고 어색한 기계적인 동작밖에 하지 못하게 된다. 그렇다고 '다리에 정신을 빼앗겨서는 안 되니까 차라리 다리를 잘라버리라.'고 말할 수는 없다. 그 대신 '일정한 연습으로 다리를 튼튼하게 만들라.'고 말한다.

이와 마찬가지로 심리학자들은 '당신 스스로를 억압함으로써 이기적인 본능을 깡그리 없애버려라.'라고 말하지 않는다. 그 대신 '주의를 당신에게서 남에게로 돌려라. 어리석고 비천하게 이기적이 되어서는 안 된다.'고 말한다.

그러나 인간은 원래 자기애를 떠나서는 존재할 수 없기 때문에, 이와 같은 충고는 도리어 인간을 더욱 자기중심적으로 만들어 사소한 욕망에 얽매이게 한다. 그러므로 자의식을 극복하려면, '당신에 관한 것을 생각해서는 안 된다.'고 말하기보다는 '당신의 일만을 생각하는 것은 결코 이득이 되지 않는다.'고 말해야 한다.

무용가는 음악에 맞추어 춤을 춘다. 그들은 무용의 기초적인 스텝을 습득하고 나면, 의식적으로 다리에 대해서는 생각을 하지 않는다. 다리에 신경을 쓰다보면 음악을 제대로 들을 수 없고, 음악을 제대로 듣지 못하면 적당한 때에 올바른 스텝을 밟을 수가 없기 때문이다.

대인관계에서도 이와 똑같은 테크닉이 필요하다. 상대방이 연주하는 '음악'을 들어야만 하는 것이다. 그렇지 않고서는 하모니를 이루는 응답을 할 수 없고, 불협화음만 내게 될 뿐이다.

강박관념에서 벗어나라

두 사람 사이의 대화가 따분해지는 까닭은 흔히 양쪽 모두가 지나치게 노력하기 때문이다. '무언가 그럴듯한 이야기를 해야 하는데….' 또는 '좀 더 중요한 이야기를 해야 하는데….'라는 강박관념에 사로잡혀 있으면, 상대방에게 인정받지 못할지도 모른다는 근심을 하게 마련이다.

마음을 풀고 자연스럽게 대화를 풀어나가도록 하자. 그러면 그때그때 적절한 말들이 쏟아져 나올 것이다.

참고 들으면 인생이 풍요로워진다

대부분의 불행이나 실패는 상대방의 말을 잘 들어주지 않기 때문에 일어나는 것이다.

주의를 기울이고 인내심을 가지고 참을성 있게 상대방의 말을 듣지 않고서는 절대로 다른 사람을 이해할 수 없다.

상대방의 말에 귀를 기울여 주의 깊게 들음으로써 인생은 풍부해지는 것이다.

상대방의 말을 주의 깊게 들어주는 것은 상대방을 가장 기쁘게 해주는 방법 중 하나이다. 그의 이야기를 참을성 있게 들어줌으로써, '당신의 이야기는 정말 들을만한 가치가 있습니다.'라는 표현을 대신하고 있는 것이다. 이런 태도야말로 상대방의 자존심을 높여주는 것이다.

모든 사람들은 '나는 가치 있는 존재'라고 생각한다는 사실을 명심하기 바란다. 이와 반대로 상대방의 자존심을 가장 크게 손상시키는 것은, 그의 말을 미처 들어 보기도 전에 거절하는 태도를 취하는 것이다.

상대방의 말을 잘 들어주면 불행과 실패가 생기지 않는다

'사람은 누구나 다른 사람의 주목을 끌고 싶어 한다.'는 인간성의 기본 원칙을 잊지 말도록 하라.

"글쎄, 우리 남편은 제 말은 한마디도 들으려 하지 않는다구요. 제가 '급수 탱크가 망가졌어요.' 하고 말해도, 남편은 '응, 그래?' 하고는 계속 신문만 보고 있다니까요."

인생 상담소에는 아내들의 이와 같은 불만이 매일같이 밀려들고 있다.

"정말 속이 상합니다. 우리 과장님이 내 말을 제대로 들어주기만 하면 업무 처리가 훨씬 수월해질 수 있을 텐데…. 그는 내가 어떤 문제에 대해서 이야기를 하려 하면, 말도 꺼내기 전에 적당히 얼버무리곤 합니다. 내가 하려는 이야기의 내용이 무엇인지도 모르고 말입니다. 그는 결코 나쁜 사람은 아니지만, 그럴 때는 정말 싫어집니다."

기업의 애로사항 처리위원회에는 이와 같은 불평이 수없이 밀려들고 있다.

"아버지는 제 입장 같은 것은 전혀 이해하려 하지 않습니다. 저의 기분과 문제를 말씀드리려 해도 들어주시지 않습니다. 아버지는 저

를 아직도 어린애로 취급합니다. 그저 설교만 하실 뿐, 저에 관해서
는 아무것도 모르십니다."

소년재판소의 판사도 매일같이 청소년들의 이와 같은 넋두리를
듣고 있다.

이처럼 대부분의 불행이나 실패는 상대방의 말을 잘 들어주지 않
기 때문에 일어나는 것이다. 그러므로 당신은 사람들이 무엇을 바라
고 필요로 하고 있는지, 그리고 그의 인간성을 알기 위해 노력해야
한다.

이 말을 마음속 깊이 새겨두기 바란다. 그러면 당신은 훌륭한 대인
관계를 유지할 수 있을 것이다.

이것은 어른에게나 어린이에게나, 위대한 사람에게나 소인배에게
나, 친한 사람에게나 그렇지 않은 사람에게나 모두 똑같이 적용되는
말이다.

C 상대방을 사로잡는 커뮤니케이션 테크닉

: 잘 알려진 사실을 예로 들면 상대방을 설득하기가 더욱 수월해진다

잘 알려진 예는 이야기의 촉매제 역할을 한다. 공통된 화제를 가진 사람을 만나면 말이 많아지고 편안함을 느
끼는 것처럼 사람들은 잘 알려진 사실을 예로 드는 화자에게 동질감을 느낀다. 사람들은 자신이 잘 알고 있는
정보에만 뜨거운 관심을 보인다.

경청의 7가지 법칙

상대방 주시하기/상대방의 말에 깊은 관심을 갖고 있다는 사실을 태도로 나타내기/
상체를 상대방 쪽으로 내밀기/질문하기/말을 가로막지 말기/상대방의 화제에 충실하기/
의견을 말할 때 상대방의 표현을 이용하기.

지금까지 설명한 바와 같이 다른 사람의 말을 잘 듣는 것은 몹시 중요한 일이다.

다음은 다른 사람의 말을 잘 듣는 7가지 법칙을 요약한 것이다. 이 요점들을 명심하고 실천하기 바란다.

1. 상대방을 주시하라

그의 말이 들을 가치가 있다면, 그를 주시하도록 하라. 이것은 당신의 주의를 상대방에게 집중시키는 데 큰 도움이 되고, 당신을 오래 기억하게 한다.

2. 상체를 상대방 쪽으로 내밀어라

그의 말에 찬성할 때는 적극적으로 응답을 하고, 재미있는 얘기에는 미소를 보내면서 호응하라. 그의 신호에 응답하고 기분을 그에게 맞추어라.

3. 상대방의 말에 깊은 관심을 가지고 있다는 사실을 태도로 나타내라

사람은 재미있는 얘기를 들을 때는 상체를 앞으로 내밀고, 지루한 얘기를 들을 때는 상체를 뒤로 뺀다.

4. 질문을 하라

질문을 함으로써 상대방은 당신이 그의 말을 듣고 있다는 사실을 확신한다.

5. 말을 중간에서 가로막지 말라

인간은 누구나 자기의 말을 가로막지 않고 끝까지 들어주는 것을 좋아한다. '그 부분에 대해 다시 한번 말씀해주십시오'라든가 '마지막 말을 좀 더 자세히 설명해주셨으면 합니다.'라고 말한다면 상대방은 더욱 좋아할 것이다.

6. 상대방의 화제에 충실하라

대화의 흐름을 끊지 않도록 하라. 설사 얘기 도중에 다른 화제를 꺼내고 싶더라도, 그의 이야기가 끝날 때까지는 화제를 바꾸어서는 안 된다.

7. 당신의 의견을 말할 때 상대방의 표현을 이용하라

상대방의 얘기가 끝나면 그가 했던 말의 일부를 반복하라. 그럼으로써 당신이 그의 이야기를 잘 들었다는 것이 실증될 뿐만 아니라, 자연스럽게 당신의 의견을 말할 수 있게 된다. '선생님이 지적하신 바와 같이…', '선생님의 말씀대로…' 이렇게 전제하고, 당신의 이야기를 진행시켜나가면 된다.

상대방의 요구와 인간성을 파악하는 방법은 그의 말에 귀를 기울이는 것밖에 없다.

C 상대방을 사로잡는 커뮤니케이션 테크닉

: 사람들을 설득하려면 이야기의 요점을 말하라

사람들이 흔히 저지르는 실수 중 하나가 실례에 관한 이야기만 하다가 요점을 말할 타이밍을 놓치는 경우이다. 실례를 드는 것도 중요하지만 이야기의 요점을 강조하는 것이 더욱 중요하다. 예를 들어 말하는 것도 결국 이야기의 요점을 강조하기 위함이기 때문이다.

• 대화를 리드하는 방법 •

• 상대에 맞게 적절하게 대응해야 한다

가령 내성적인 사람에게 돌발적인 행동으로 관심을 끌려고 하면 상황을 악화시킬 수 있다. 또한 자기과시욕이 강하거나 거만한 상대에게 지나치게 겸손한 태도를 취하면 무시당할지도 모른다. 대화를 리드하려면 먼저 상대가 어떤 부류인지 파악하고 대응을 해야 한다.

• 상대가 즉각 대답할 수 있는 화제를 선택한다

취미나 이슈가 되고 있는 이야기 등 질문을 하면 상대가 즉각 대답할 수 있는 화제를 언급하면 상대방은 친밀감을 느끼고 당신이 주도하는 대로 따라온다. 또한 친밀감이 깊어지면 당신이 원하는 이상의 정보를 제공하기도 한다.

• 목적이 있어 의도적으로 접근했다는 느낌을 주지 않는다

설사 어떤 목적이 있더라도 상대에게 이득을 취하려는 듯한 느낌을 주어서는 안 된다. 사람들은 상대방이 목적을 가지고 접근한다고 생각하면 마음을 열지 않는다. 경계심을 품고 있는 상대가 당신에게 대화의 주도권을 넘겨줄 리 없다.

• 상대방의 자존심을 높여준다

사람들은 자신을 존중해주는 사람에게 너그러워진다. 따라서 상대방을 존중한다는 느낌을 주면 당신이 원하는 대로 대화를 이끌 수 있다.

• 칭찬을 한다

칭찬은 어떤 말보다 달콤하다. 아무리 얼음 같은 사람일지라도 칭찬 한마디면 눈 녹듯 따뜻해진다. 만약 상대방이 고집스러운 태도로 대화를 거부한다면 아주 사소한 점이라도 칭찬하라. 그러면 당신과 적극적으로 대화하려는 상대방과 대면하게 될 것이다.

단숨에 사람을 끌어들이는 66가지 대화기술

초판 1쇄 발행 2020년 06월 10일
초판 5쇄 발행 2022년 12월 13일

지은이 류정담
펴낸이 이태선
펴낸곳 창작시대사

주소 경기 고양시 일산동구 장백로 20 동문굿모닝힐 102동 905호
전화 031-978-5355
팩스 031-973-5385
이메일 changzak@naver.com
등록번호 제2-1150호 (1991년 4월 9일)

ISBN 978-89-7447-227-6 03190